# LO BELLO Y LO SUBLIME

## ENSAYO DE ESTÉTICA Y MORAL

IMMANUEL KANT

Traducido por
A. SÁNCHEZ RIVERO

FV ÉDITIONS

# ÍNDICE

*Con el título de* «Observaciones sobre el sentimiento de lo bello y lo sublime» *publicó Kant en Komgsbey (1764) este ensayo de vario y atrayente contenido. Numerosas ediciones sueltas se han hecho de este encantador tratadito, sin contar las varias ediciones de las obras completas del autor.*

*Más que de estética, en el sentido estricto de la palabra, tratan las* «Observaciones sobre el sentimiento de lo bello y lo sublime» *de asuntos varios, moral, psicología, descripción de los caracteres individuales y nacionales; en suma, de toda suerte de temas interesantes que pueden ocurrirse alrededor del asunto principal. Está escrito en estilo fácil y cómodo -extraña excepción en la obra de Kant-, lleno de ingenio, alegría, penetración, con una sencillez encantadora. Se comprende fácilmente que un crítico haya podido comparar a Kant -refiriéndose a esta obra- con* «La Bruyère», *el autor de los* «Caracteres».

*En este ensayo es donde Kant ataca por primera vez el problema estético, y aunque sus ideas fundamentales acerca del arte y la belleza se hallan sistemáticamente expuestas en su obra posterior, la «Crítica del Juicio», tienen, sin embargo, las «Observaciones sobre el sentimiento de lo bello y lo sublime» cierto interés para el conocimiento de los orígenes de la estética kantiana. Pero sobre todo constituyen, como hemos dicho, una serie de delicadas ocurrencias, de certeras observaciones, de agudas críticas, sin el aparato solemne de la exposición didáctica.*

# 1
# SOBRE LOS DIFERENTES OBJETOS DEL SENTIMIENTO DE LO SUBLIME Y DE LO BELLO.

Las diferentes sensaciones de contento o disgusto descansan, no tanto sobre la condición de las cosas externas que las suscitan, como sobre la sensibilidad peculiar a cada hombre para ser grata e ingratamente impresionado por ellas. De ahí proviene que algunos sientan placer con lo que a otros produce asco; de ahí la enamorada pasión, que es a menudo para los demás un enigma, y la viva repugnancia sentida por éste hacia lo que para aquél deja por completo indiferente. El campo de las observaciones de estas particularidades de la naturaleza humana es muy amplio, y oculta aún buena copia de descubrimientos tan interesantes como instructivos. Por ahora dirigiré mi mirada sobre algunos puntos que parecen particularmente destacarse en este terreno, y más con el ojo de un observador que de un filósofo.

Como todo hombre sólo se siente feliz en tanto que satisface sus inclinaciones, la sensibilidad que le capacita para disfrutar grandes placeres sin exigir aptitudes excepcionales, no es tampoco cosa baladí. Las personas de fisiología exuberante, para quienes el más ingenioso autor es el cocinero, y las obras de más exquisito gusto se encuentran en la bodega, se entregarán a oír comunes y equívocos chascarrillos con alegría tan viva como aquella de que tan orgullosas se sienten personas de sensibilidad elevada. Un buen señor, que gusta de leer libros porque con ello concilia mejor el sueño; el comerciante, para quien todo placer es mezquino si se exceptúa el que disfruta un hombre avisado cuando calcula sus ganancias; aquel otro, que sólo ama al sexo femenino porque lo incluye entre las cosas disfrutables; el aficionado a la caza, ya sea de moscas, como Domiciano, o de fieras, como A., todos ellos tienen una sensibilidad que les permite gustar placeres a su modo, sin necesidad de envidiar otros y sin que puedan formarse idea de otros. Pero dejemos ahora esto fuera de nuestra atención. Existe, además, un sentimiento de naturaleza más fina, llamado así, bien porque tolera ser disfrutado más largamente, sin saciedad ni agotamiento, bien porque supone en el alma una sensibilidad que la hace apta para los movimientos virtuosos, o porque pone de manifiesto aptitudes y ventajas intelectuales, mientras los otros son compatibles con una completa indigencia mental. Este es el sentimiento que me propongo considerar en algunos de sus aspectos. Excluyo, sin embargo, aquella inclinación que va unida a las sublimes intuiciones del entendimiento y aquel atractivo que sabía percibir la impresión de que era capaz un Kepler cuando, como Bayle refiere, no hubiera cambiado uno de sus descubrimientos por un principado. Es esta afección excesivamente fina para entrar dentro del presente ensayo, destinado sólo a tratar la emoción sensible de que las almas más comunes son también capaces.

Este delicado sentimiento que ahora vamos a considerar es principalmente de dos clases: el sentimiento de lo *sublime* y el de lo *bello*. La emoción es en ambos agradable, pero de muy diferente modo. La vista de una montaña cuyas nevadas cimas se alzan sobre las nubes, la descripción de una tempestad furiosa o la pintura del infierno por Milton, producen agrado, pero unido a terror; en cambie, la contemplación de campiñas floridas, valles con arroyos serpenteantes, cubiertos de rebaños pastando; la descripción del Elíseo o la pintura del cinturón del Venus en Homero, proporcionan también una sensación agradable, pero alegre y sonriente. Para que aquella impresión ocurra en nosotros con fuerza apropiada, debemos tener un *sentimiento de lo sublime*; para disfrutar bien la segunda, es preciso el *sentimiento de lo bello*. Altas encinas y sombrías soledades en el bosque sagrado, son sublimes; platabandas de flores, setos bajos y árboles recortados en figuras, son *bellos*.

La noche es *sublime*, el día es *bello*. En la calma de la noche estival, cuando la luz temblorosa de las estrellas atraviesa las sombras pardas y la luna solitaria se halla en el horizonte, las naturalezas que posean un sentimiento de lo sublime serán poco a poco arrastradas a sensaciones de amistad, de desprecio del mundo y de eternidad. El brillante día infunde una activa diligencia y un sentimiento de alegría. Lo sublime, *conmueve*; lo bello, encanta. La expresión del hombre, dominado por el sentimiento de lo sublime, es seria; a veces fija y asombrada. Lo sublime presenta a su vez diferentes caracteres. A veces le acompaña cierto terror o también melancolía, en algunos casos meramente un asombro tranquilo, y en otros un sentimiento de belleza extendida sobre una disposición general sublime. A lo primero denomino lo *sublime terrorífico*, a lo segundo lo *noble*, y a lo último lo *magnífico*. Una soledad profunda es sublime, pero de naturaleza terrorífica[1].

De ahí que los grandes, vastos desiertos, como el inmenso Chamo en la Tartaria, hayan sido siempre el escenario en que la imaginación ha visto terribles sombras, duendes y fantasmas.

Lo sublime ha de ser siempre grande; lo bello puede ser también pequeño. Lo sublime ha de ser sencillo; lo bello puede estar engalanado. Una gran altura es tan sublime como una profundidad; pero a ésta acompaña una sensación de estremecimiento, y a aquélla una de asombro; la primera sensación es sublime, terrorífica, y la segunda, noble. La vista de las pirámides egipcias impresiona, según Hamlquist refiere, mucho más de lo que por cualquier descripción podemos representarnos; pero su arquitectura es sencilla y noble. La iglesia de San Pedro en Roma es magnífica. En su traza, grande y sencilla, ocupa tanto espacio la belleza -oro, mosaico-, que a través de ella se recibe la impresión de lo sublime, y el conjunto resulta magnífico. Un arsenal debe ser sencillo; una residencia regia, magnifica, y un palacio de recreo, bello.

Un largo espacio de tiempo, es sublime. Si corresponde al pasado, resulta noble; si se le considera en un porvenir incalculable, contiene algo de terrorífico. Un edificio de la más remota antigüedad, es venerable. La descripción hecha por Halles de la eternidad futura, infunde un suave terror; la de la eternidad pasada, un asombro inmóvil.

1. Voy a presentar un ejemplo del terror noble que puede infundir la descripción de una completa soledad, entresacando algunos trozos del sueño de Carazan en el Bremer Magazín, tomo IV, pág. 539. A medida que sus riquezas crecían, este rico avaro había cerrado su corazón a la piedad y al amor por sus semejantes. Con todo, según iba en él enfriándose la filantropía, aumentaba la diligencia de sus oraciones y de sus actos religiosos. Después de esta confesión, continúa hablando de esta suerte: «Una noche que hacía mis cuentas a la luz de la lámpara y calculaba las ganancias, me dominó el sueño. En tal estado vi venir sobre mi al ángel de la muerte como un remolino, y, antes de que pudiese evitar el terrible choque, me golpeó. Quedé entonces pasmado cuando me di cuenta de que mi suerte estaba echada por la eternidad, y que nada podía añadir a lo bueno que había realizado, y nada sustraer a todo lo malo por mí cometido. Fui llevado ante el trono de aquel que habita en el tercer cielo. El resplandor que ante mí llamaba, me habló de este modo: «Carazan, tu culto a Dios es rechazado. Cerraste tu corazón al amor humano y guardaste tus tesoros con mano de hierro. Has vivido sólo para ti mismo, y sólo has de vivir, por tanto, en adelante por toda la eternidad, sustraído a todo contacto con la creación entera.» En este momento fui arrastrado por un poder invisible a través de las brillantes construcciones de la creación. Mundos innumerables quedaban tras mí. Cuando me acercaba al término más extremo de la naturaleza, noté que las sombras del infinito vacío se hundían en lo profundo, huyendo de mí. ¡Un terrible imperio de calma eterna, soledad y tinieblas! Ante tal espectáculo, un terror inexpresable cayó sobre mí. Poco a poco fueron desapareciendo a mi vista las últimas estrellas, y, por último, se extinguió el postrer resplandor vacilante de la luz en las tinieblas extremas. La angustia mortal de la desesperación crecía en mi a cada momento y a cada momento aumentaba también mi alejamiento del último mundo habitado. Pensaba, presa el corazón de insufrible angustia, que cuando cientos de miles de años me hubiesen conducido más allá de los límites de todo lo creado, miraría siempre ante mí el inacabable abismo de las tinieblas, sin auxilio o sin esperanza de

para que podamos acercarnos a ellos con la confianza del amor.

Aquellos en quienes se dan unidos ambos sentimientos, hallarán que la emoción de lo sublime es más poderosa que la de lo bello; pero que si ésta no la acompaña o alterna con ella, acaba por fatigar y no puede ser disfrutada por tanto tiempo[1]. Los elevados sentimientos a que a veces se exalta la conversación de una sociedad escogida deben tener sus intermedios de broma regocijada, y las alegrías rientes deben formar, con los rostros conmovidos y serios, el hermoso contraste en que alternan espontáneamente ambos sentimientos. La *amistad* presenta principalmente el carácter de lo sublime; el *amor sexual*, el de lo bello. La delicadeza y el respeto profundo dan, sin embargo, a éste último cierta dignidad y elevación, mientras las bromas traviesas y la confianza le acentúan el carácter bello. La *tragedia* se distingue, en mi sentir, principalmente de la *comedia* en que la primera excita el sentimiento de lo sublime, y la segunda el de lo bello. En la primera se nos muestra el magnánimo sacrificio en aras del bien ajeno, la decisión audaz y la fidelidad probada. El amor es en ella melancólico, delicado y lleno de respeto; la desdicha de los demás despierta en el espectador sentimientos compasivos y hace latir su corazón con desdichas extrañas. Nos sentimos dulcemente conmovidos y vemos íntimamente la dignidad de nuestra propia naturaleza. La comedía, en cambio, presenta sutiles intrigas, confusiones asombrosas, gentes despiertas que saben salir de apuro, tontos que se dejan engañar, bromas y caracteres ridículos. El amor no es aquí tan triste, sino alegre y confiado. Lo mismo que en otros casos, sin embargo, puede en este hacerse compatible hasta cierto grado lo noble con lo bello.

Hasta los vicios y los defectos morales contienen a veces en sí algunos rasgos de lo sublime o de lo bello; por lo menos así aparecen a nuestro sentimiento sensible, prescindiendo del juicio que puedan merecer a ojos de la razón. La cólera de un hombre terrible es sublime; tal la de Aquiles en la *Ilíada*. En general, el héroe de Homero tiene una sublimidad terrible, y el de Virgilio, noble. El vengar una gran ofensa de un modo claro y atrevido tiene en sí algo de grande, y por ilícito que pueda ser, produce, al ser referido, una emoción al mismo tiempo terrorífica y placentera. Sorprendido Schach Nadir en su tienda por algunos conjurados, exclamó, según refiere Hamway, después de haber recibido ya algunas heridas, defendiéndose a la desesperada: «¡Piedad! Os perdonaré a todos.» Uno de ellos respondió, levantando el sable: «Tú no has mostrado compasión ninguna, y tampoco la mereces.» La temeridad decidida de un granuja es muy peligrosa; pero cuando la oye uno referir, impresiona, y aunque el héroe vaya a terminar en una muerte vil, la ennoblece en cierto modo cuando marcha, a ella arrogante y despectivo. Por otro lado, en un proyecto astuto, aunque su objeto sea una picardía, hay algo fino y excita la risa. El deseo de seducir o coquetería, en un sentido delicado, es decir, de admitir las atenciones y excitarlas, es acaso censurable en una persona amable ya de por sí, pero resulta, con todo, bello y comúnmente preferible a la actitud grave y seria.

La figura de las personas que agradan por su aspecto externo reviste, ya uno, ya el otro género de sentimiento. Una elevada estatura conquista prestigio y respeto; una pequeña, confianza. El cabello obscuro y los ojos negros tienen más afinidad con lo sublime; los ojos azules y el tono rubio, más con lo bello. Una edad avanzada se une más bien con los caracteres de lo sublime; en cambio, la juventud, con los de lo bello. Lo mismo ocurre con la diferencia de clases sociales, y hasta la indumentaria puede influir en la diferente calidad de estas impresiones, que aquí sólo tocamos de pasada. Las personas altas y de apariencia deben procurar en sus trajes la sencillez, o a lo más, la magnificencia; las pequeñas pueden usar de adornos y perifollos. A la vejez convienen los colores obscuros y la uniformidad; la juventud brilla en los colores claros y las formas de contrastes inanimados. Entre las clases sociales, a igualdad de fortuna y rango, deben los eclesiásticos mostrar la mayor sencillez, y el hombre de estado la mayor magnificencia. El chichisbeo puede adornarse como guste.

En las circunstancias externas de felicidad existen también, por lo menos en la imaginación de los hombres, algo que cae dentro de estas emociones. Un alto nacimiento y un título inclinan a los hombres al respeto. La riqueza, aun sin merecimientos, inspira reverencia hasta a gentes desinteresadas, porque acaso les sugiere la idea de los grandes proyectos que permite realizar. Este respeto aprovecha en ocasiones a mucho rico granuja que jamás realizará tales cosas, y no tiene la menor sospecha del noble sentimiento que sólo puede hacer estimable la riqueza. Lo que acrecienta lo malo de la pobreza es el menosprecio, que ni aun con merecimientos puede ser borrado por completo, al menos ante los ojos vulgares, a no ser que rango y título engañen este sentimiento grosero y lo falseen ventajosamente para él en cierto modo.

Nunca se encuentran en la naturaleza humana cualidades loables sin que al mismo tiempo las degeneraciones de las mismas no terminen por infinitas gradaciones en la imperfección más extrema. La cualidad de lo *sublime terrible,* cuando se hace completamente monstruoso, cae en lo *extravagante*[2]. Cosas fuera de lo natural, por cuanto en

las indicadas diferencias. La representación matemática de la magnitud inconmensurable del universo, las consideraciones de la metafísica acerca de la eternidad, de la providencia, de la inmortalidad de nuestra alma, contienen un cierto carácter sublime y majestuoso. En cambio, hay muchas sutilezas vanas que desfiguran la filosofía. La apariencia de profundidad no impide que las cuatro figuras silogísticas merezcan ser contadas entre las monstruosidades de escuela.

En las cualidades morales sólo la verdadera virtud es sublime. Existen algunas, sin embargo, que son amables y bellas, y en cuanto armonizan con la virtud pueden ser consideradas como nobles, aunque no deba incluírselas en la intención virtuosa. El juicio sobre esto es sutil y complicado. No puede, ciertamente, denominarse virtuoso el estado de ánimo del cual se originan actos que también la virtud inspiraría, porque los motivos que inspiran tales actos, aunque casualmente coinciden con la virtud, pueden, por su naturaleza, entrar a menudo en conflicto con las reglas generales de la virtud. Una cierta blandura, que fácilmente lleva a un cálido sentimiento de *compasión*, es bella y amable, pues muestra una bondadosa participación en el destino de otros hombres, a la que llevan igualmente los principios de la virtud. Pero esta buena pasión es débil y siempre ciega. Supongamos que tal sentimiento os mueve a socorrer con vuestros recursos a un necesitado en ocasión en que debemos a otros, y por tanto nos incapacitamos para cumplir el estricto deber de la justicia; el acto no puede nacer de ningún principio moral, porque siguiendo éste nunca nos veríamos excitados a sacrificar una obligación superior a este ciego impulso. Si, en cambio, la general benevolencia hacia el género humano se ha convertido en un principio dentro de vosotros, al cual subordináis siempre vuestros actos, perdura entonces el amor al necesitado, pero es puesto, desde un superior punto de vista, en la verdadera relación con la totalidad de vuestros deberes. La benevolencia es un fundamento de la participación en su desdicha, pero también de la justicia, y, según la prescripción de ésta, renuncia al acta en el caso presente. Pero ocurre que al ser exaltado este sentimiento a una debida generalidad, si bien se hace sublime, resulta, en cambio, más frío. No es posible que nuestro pecho se interese delicadamente por todo hombre, ni que toda pena extraña despierte nuestra compasión. De otro modo, el virtuoso estaría, como Heráclito, continuamente deshecho en lágrimas, y con toda su bondad no vendría a ser más que un holgazán tierno[4].

El segundo género del sentimiento bondadoso, ciertamente bello y amable, pero que no sirve de base suficiente a una verdadera virtud, es la *cortesía*, por la cual nos sentimos inclinados a mostrarnos agradables con los otros mediante la amistad, la aquiescencia a sus deseos y la ecuación de nuestra conducta con su manera de pensar. Este fundamento de una encantadora sociabilidad es hermoso, y tan blanda condición es señal de naturaleza bondadosa. Pero tan lejos está de ser una virtud, que si principios superiores no ponen sus barreras y lo debilitan, puede ser origen de todos los vicios. Aun sin contar que la complacencia hacia aquellos que tratamos significa a menudo la injusticia con otros situados fuera de este círculo, el hombre complaciente, si se admite sólo este estímulo, podrá tener todos los vicios, no por inclinación espontánea, sino porque vive para agradar. La afectuosa sociabilidad le convertiría en un embustero, en un holgazán, en un borracho, etcétera, etc.; pues no obra según reglas encaminadas a la buena conducta en general, sino según una inclinación, bella en sí, pero que al hallarse sin freno ni principios resulta frívola.

La verdadera virtud, por tanto, sólo puede descansar en principios que la hacen tanto más sublime y noble cuanto más generales. Estos principios no son reglas especulativas, sino la conciencia de un sentimiento que vive en todo pecho humano, y cuyo dominio es mucho más amplio que el campo de la compasión y de la complacencia. Creo recoger todo su contenido diciendo que es el *sentimiento de la belleza y la dignidad de la natu-*

*raleza humana*. Lo primero es el fundamento de la benevolencia general; lo segundo, de la estimación general; y si este sentimiento alcanzase la máxima perfección en un corazón humano cualquiera, este hombre se amaría y se estimaría ciertamente a sí mismo, pero no más que en cuanto es uno de todos aquéllos a los cuales se extiende su amplio y noble sentimiento. Sólo subordinando a inclinación tan amplia las nuestras, pueden aplicarse proporcionalmente nuestros buenos instintos y producir el noble decoro que constituye la belleza de la virtud.

En consideración a la debilidad de la naturaleza humana y del escaso poder que había de ejercer sobre el mayor número de los corazones el sentimiento ético general, ha colocado en nosotros la Providencia, como suplemento de la virtud, tales instintos auxiliares; por ellos algunos, aun sin principios, son llevados a bellas acciones, y aquéllos que los poseen no pueden recibir mayor impulso y estímulo más enérgico. La compasión y la complacencia son fundamentos de bellas acciones, que acaso serían ahogadas todas ellas por el predominio de un grosero egoísmo, pero no fundamentos inmediatos de la virtud, como hemos visto, aunque, ennoblecidas por el parentesco con ella, se les llama también virtuosas. Puedo denominarlas, por consiguiente, *virtudes adoptadas y genuina virtud*, a la que descansa sobre principios.

Las primeras son bellas y seductoras; pero sólo la segunda es sublime y venerable. Al espíritu en que dominan las primeras sensaciones se le denomina un *buen corazón*, y *bondadoso* al hombre de tal carácter; en cambio se atribuye con justicia un *noble corazón* al virtuoso, según principios, y a él mismo se le llama *recto*. Estas virtudes adoptadas tienen, sin embargo, gran semejanza con las verdaderas virtudes, pues encierran el sentimiento de un placer inmediato en actos buenos y benévolos. Sin interés, por espontánea benevolencia, el bondadoso os tratará amistosa y cortésmente y compartirá de veras la pena de otro.

Mas como esta simpatía moral no es todavía bastante para inspirar a los hombres indolentes acciones de utilidad general, la Providencia ha puesto en nosotros cierto sentimiento delicado que puede empujarnos a la acción o servir de contrapeso al grosero egoísmo y al vulgar deseo de placeres. Es el *sentimiento del honor*, y su resultado, la *vergüenza*. La opinión que de nuestro valer tengan los demás y su juicio sobre nuestros actos, es un móvil de gran importancia, y nos lleva a muchos sacrificios. Lo que gran parte de los hombres no habría hecho por impulsos de espontánea bondad ni por principios, se hace bastante a menudo merced al prestigio aparente de una preocupación muy útil, aunque en sí muy superficial, como si el juicio de los demás determinase nuestro valor y el de nuestros actos. Lo que acontece, obedeciendo a este impulso, no es de ningún modo virtuoso, y de ahí que quien desea ser tenido por tal, oculte cuidadosamente tal motivo. Esta inclinación no tiene tampoco tanta afinidad con la genuina virtud como la bondad de corazón, porque no puede ser movida inmediatamente por la hermosura de los actos, sino por lo que éstos representan ante los ojos ajenos. Con todo, como el sentimiento del honor es delicado, puedo denominar *resplandor de la virtud* aquello análogo a lo virtuoso que por él es ocasionado.

Si comparamos los espíritus de los hombres según en ellos predomina uno de estos géneros de sentimiento determinando el carácter moral, encontramos que cada uno de ellos se halla en próxima afinidad con uno de los temperamentos, tal como se les divide comúnmente; pero de tal suerte que, además, correspondería al flemático una mayor carencia de sentimiento moral. Y no quiero decir con esto que la nota principal en el carácter de estas distintas especies de espíritus, corresponda a los indicados rasgos, pues aquí no consideramos sentimientos más groseros, por ejemplo: el de egoísmo, el del placer vulgar, etc., y tales inclinaciones son las observadas con preferencia en la división corriente; sino que los más finos sentimientos morales aquí considerados son susceptibles de unirse más fácilmente con uno o con otro temperamento, y de hecho van unidos en los más casos.

Un íntimo sentimiento de la belleza y la dignidad de la naturaleza humana, y un ánimo seguro y vigoroso para referir a esto, como fundamento general, todas las acciones, son serios y no se asocian bien con una alegría volandera ni con la inconstancia de un hombre ligero. Y hasta se halla cerca de la honda melancolía (*Schwermut*), una dulce y noble sensación, en cuanto se funda sobre aquel temor que siente un alma limitada cuando, llena de un gran proyecto, ve los peligros que debe vencer y tiene ante la vista la grave aunque grande victoria del dominio de sí mismo. La genuina virtud, según principios, encierra en sí algo que parece coincidir con el temperamento *melancólico* en un sentido atenuado.

El carácter bondadoso, una condición bella y sensible, para ser en casos particulares conmovido de una manera compasiva y benévola, está muy sujeto al cambio de las circunstancias, y por no descansar el movimiento del alma sobre un principio general, toma fácilmente formas diferentes, según ofrecen los objetos uno u otro aspecto. Y como esta inclinación se encamina a lo bello, parece susceptible de unirse, sobre todo, con el temperamento denominado *sanguíneo*, que es volandero y dado a las diversiones. En este temperamento debemos buscar las simpáticas cualidades que hemos denominado virtudes adoptadas.

El sentimiento del honor es, desde luego, reconocido como característica de la complexión colérica, y las consecuencias morales de este delicado sentimiento, que casi siempre sólo se preocupa del brillo, nos presentarán rasgos para la descripción de este carácter.

En hombre alguno faltan huellas de sentimientos delicados; pero una gran ausencia de ellos, calificada comparativamente de insensibilidad, aparece en el carácter del flemático, y hasta los impulsos más vulgares, como el deseo de dinero, etc., suele negársele. Nosotros podemos abandonarle esta inclinación, junto con otras análogas, porque caen fuera de nuestro plan.

Examinemos ahora las sensaciones de lo sublime y lo bello, principalmente en cuanto son morales, bajo la admitida división de los temperamentos.

No se llama melancólico a un hombre porque, substrayéndose a los goces de la vida, se consuma en una sombría tristeza, sino porque sus sentimientos, intensificados más allá de cierto punto dirigidos, merced a determinadas causas, en una falsa dirección, acabarían en esta tristeza más fácilmente que los de otros. Este temperamento tiene, principalmente, *sensibilidad para lo sublime*. Aun la belleza, a la cual es igualmente sensible, no le encanta tan sólo, sino que, llenándole de asombro, le conmueve. El placer de las diversiones es en él más serio; pero, por lo mismo, no menor. Todas las conmociones de la sublime tienen algo más fascinador en sí que el inquieto encanto de lo bello. Su bienestar será, más bien que alegría, una satisfacción tranquila. Es constante. Esto les mueve a ordenar sus sensaciones, bajo principios, y tanto menos están sujetas a la inconstancia y al cambio cuanto más general es el principio al cual se hallan subordinadas, y más amplio, por tanto, el elevado sentimiento al cual se subordinan los inferiores. Todos los motivos particulares de las inclinaciones están sujetos a muchas excepciones y cambios si no son derivados de tal fundamento superior. El alegre y afectuoso Alcestes dice: «Amo y estimo a mi mujer porque es bella, cariñosa y discreta.» ¡Cómo! ¿Y si, desfigurada por la enfermedad, agriada por la vejez y pasado el primer encanto, dejase de parecerte más discreta que cualquier otra? Cuando el fundamento ha desaparecido, ¿qué puede resultar de la inclinación? Tomad, en cambio, el benévolo y sesudo Adrasto, que pensaba para sí: «Tengo que tratar a esta persona con amor y respeto porque es mi mujer.» Tal manera de pensar es noble y magnánima. Ya pueden los encantos fortuitos alterarse; siempre continúa siendo su mujer. El noble motivo permanece y no está tan sujeto a la inconstancia de las cosas exteriores. De tal calidad son los principios, en comparación con impulsos originados sólo de ocasiones particulares, y así es el hombre de principios, al lado de aquel al cual sobreviene una inspiración buena y afectuosa. Y lo mismo, diríamos si el secreto lenguaje de su corazón se expresara de esta suerte. «Tengo que auxiliar a ese hombre porque sufre; no porque acaso sea amigo o conocido mío, ni porque le considere capaz de agradecérmelo después. Ahora no es tiempo de hacer distingos ni detenerse en cuestiones: es un hombre, y lo que daña a los hombres también a mí me toca.» Desde este momento su conducta se apoya en el supremo fundamento dentro de la naturaleza humana, y es sublime en grado sumo, tanto por la invariabilidad como por la generalidad de sus aplicaciones.

Continúo mis observaciones. El hombre de carácter melancólico se preocupa poco de los juicios ajenos, de lo que otras tienen por bueno o verdadero, se apoya sólo en su propia opinión. Como en él los móviles toman el carácter de principios, no puede ser fácilmente llevado a otras ideas. Su firmeza degenera a veces en obstinación. La amistad es sublime, y, por tanto, apropiada a sus sentimientos. Puede acaso perder un amigo inconstante, pero éste no le pierde a él tan pronto. Aun el recuerdo de la amistad extinguida sigue siendo para él respetable. La locuacidad es bella;

la taciturnidad meditativa es sublime. Sabe guardar bien sus secretos y los ajenos. La veracidad es sublime, y él odia mentiras y fingimientos. Siente con viveza la dignidad de la naturaleza humana. Se estima a sí mismo y tiene a un hombre por una criatura que merece respeto. No sufre sumisión abyecta, y su noble pecho respira libertad. Toda suerte de cadenas le son odiosas, desde las doradas que en la corte se arrastran hasta los pesados hierros del galeote. Es un rígido juez de sí mismo y de los demás, y a menudo siente disgusto de sí mismo y del mundo.

En la degeneración de este carácter, la seriedad se inclina a la melancolía, la devoción al fanatismo, el celo por la libertad al entusiasmo. La ofensa y la injusticia encienden en él deseos de venganza. Es muy temible entonces. Desafía el peligro y desprecia la muerte. Falseado su sentimiento y no serenado por la razón, cae en lo *extravagante:* sugestiones, fantasías, ideas fijas. Si la inteligencia es aún más débil, incurre en lo *monstruoso:* sueños significativos, presentimientos, señales milagrosas. Está en peligro de convertirse en un *fantástico* o en un *chiflado.*

El de carácter *sanguíneo* tiene predominante *sensibilidad para lo bello.* Sus alegrías son, por tanto, rientes y vivas. Si no está alegre es que se halla disgustado; conoce poco la calma satisfecha. La variedad es bella, y él gusta del cambio. Busca la alegría en sí mismo y en torno suyo; regocija a los demás, y su compañía es grata. Comparte fácilmente el estado moral ajeno. La alegría de los otros le contenta, y el dolor le enternece. Su sentimiento moral es bello, pero sin principios, y obedece siempre a las impresiones momentáneas que los objetos en él producen. Es amigo de todos los hombres, o lo que es lo mismo, nunca propiamente un amigo, aunque sea de verdad bondadoso y benévolo. No finge. Hoy os tratará con su afecto y cortesía peculiares; mañana, si estáis enfermos u os sobreviene una desgracia, mostrará un interés verdadero, no hipócrita, pero se escurrirá suavemente hasta que las circunstancias hayan pasado. Nunca debe ser juez. Las leyes son para él, comúnmente, demasiado rígidas, y se deja sobornar por las lágrimas. Es un tipo curioso, nunca completamente bueno y nunca completamente malo. Comete excesos y es vicioso, más por complacencia que por inclinación. Es liberal y benéfica, pero lleva mal la cuenta de lo que debe, porque si es muy sensible para el bien, lo es muy poco para la justicia. Nadie tiene tan buena opinión de su propio corazón como él. Aunque no le estiméis mucho no podéis menos de amarle. El mayor peligro de su carácter es caer en lo *frívolo*, y entonces es alocado e infantil. Si la edad no disminuye acaso la vivacidad o le infunde más juicio, está en peligro de convertirse en un *viejo verde*.

Aquel cuyo carácter es calificado de colérico, tiene sensibilidad predominante para el género de lo sublime que se puede denominar magnífico. Es sólo el brillo de la sublimidad, un color llamativo que oculta, engañando e impresionando con la apariencia, el contenido íntimo de la persona o cosa, acaso malo o vulgar en sí mismo. Así como un edificio cubierto por una pintura que imita la piedra produce una impresión tan noble como si fuese verdad, y así de igual modo que las molduras y pilastras empotradas sugieren la idea de firmeza, aunque tengan poca consistencia y nada sostengan, lo mismo brillan las virtudes de hojalata, el similor de sabiduría y los méritos pintados.

El colérico considera su propio valor y el de sus cosas y actos según el prestigio o la apariencia de que se revistan a los ojos de los demás. Con respecto a la íntima calidad o a los motivos que el objeto mismo encierra, se muestra frío, ni encendido por verdadera benevolencia, ni conmovido por el respeto[5]. Su conducta es artificiosa. Ha de saber tomar toda clase de puntos de vista para juzgar el efecto que produce según la distinta posición del espectador, pues no se pregunta lo que él es, sino lo que parece. Por eso ha de conocer bien la manera de conquistar la aprobación general y las apreciaciones que ha de suscitar fuera de él su conducta. La sangre fría que esta fina atención requiere para no ser cegada por el amor, la compasión y el interés, le sustrae también a muchas locuras y contrariedades, en las cuales cae un sanguíneo, arrebatado por su sensibilidad espontánea. Por eso parece más razonable de lo que realmente es. Su benevolencia es cortesía; su respeto, ceremonia; su amor, meditada adulación. Está siempre lleno de sí mismo cuando toma la actitud de enamorado y de amigo, y no es nunca ni lo uno ni lo otro. Gusta de brillar con las modas; pero como todo en él es artificioso y trabajado, se muestra en ello rígido y torpe. Su conducta obedece más a principios que la del sanguíneo, sólo movido por impresiones ocasionales; pero no son principios de la virtud, sino del honor, y no es nada sensible a la belleza o al valor de los actos, sino al juicio que el mundo pronunciara sobre ellos. Como su proceder, si no se considera la fuente de donde brota, resulta casi tan beneficioso a la generalidad como la virtud, obtiene del espectador común tan elevada estima como el virtuoso; pero se oculta cuidadosamente de ojos más sutiles, pues sabe que si descubren el escondido resorte del honor, desaparecerá también el respeto que se le muestra. Recurre, por tanto, con frecuencia al fingimiento; en religión es hipócrita; en el trato, adulador; en política, versátil, según las circunstancias. Se complace en ser esclavo de los grandes para después ser tirano de los humildes. La *ingenuidad* esta noble o bella sencillez que lleva en sí el sello de la naturaleza y no del arte, le es completamente extraña. Por eso cuando su gusto degenera, su brillo resulta *chillón;* esto es, desagradablemente jactancioso. Cae entonces, tanto en su estilo como en sus adornos, en el galimatías -lo exagerado-, una especie de monstruosidad que es a lo magnífico lo que lo extravagante o chiflado con relación a lo sublime serio. En las ofensas acaba pronto en duelos o procesos y en las relaciones ciudadanas, gusta de antepasados, preminencias y títulos. Mientras sólo es vanidoso, es decir, mientras busca honor y se esfuerza en hacerse visible, puede ser todavía soportado; pero cuando totalmente falto de verdaderas cualidades y méritos se pavonea orgulloso, viene a parar en lo que él menos quisiera, esto es, en un necio.

Puesto que en el compuesto flemático no suelen aparecer ingredientes de lo sublime y de lo bello en un grado particularmente apreciable, cae este carácter fuera del círculo de nuestro examen.

Sea cualquiera el género de las sensaciones tan delicadas de que hemos tratado hasta aquí, sublimes o bellas, sufren el destino común de aparecer como falsas y absurdas a los ojos de todo aquel cuya sensibilidad no concuerda con ellas. El hombre de aplicación tranquila y egoísta no tiene, por decirlo así, órganos para sentir el rasgo noble en una poesía o en una virtud heroica; lee con más gusto un Robinsón que un Grandisón, y tiene a

Catón por un necio testarudo. De igual modo a personas de carácter algo serio parece frívolo aquello que para otras es encantador, y la juguetona ingenuidad de una acción pastoril les parece insignificante e insípida. Aunque no falte por completo una sensibilidad apropiada, los grados de ella son muy diferentes, y se ve que uno encuentra noble y digno algo que para otros resulta extravagante, aunque sea grande. Las ocasiones que se ofrecen en cosas no morales para atisbar algo del sentimiento del prójimo, pueden darnos coyuntura para decidir también con bastante verosimilitud, su sensibilidad, con relación a las cualidades superiores de su espíritu y aun las de su corazón. El que se fastidia oyendo una hermosa música, hace sospechar mucho que las bellezas de la literatura o los encantos del amor no ejercerán poder sobre él.

Hay un cierto espíritu de las pequeñeces (*esprit des bagatelles*) que muestra una especie de sensibilidad delicada, pero dirigida precisamente a lo contrario de lo sublime. Es el gustar de algo por ser muy *artificioso* y difícil, versos que pueden leerse hacia abajo y hacia arriba, enigmas, relojes diminutos, cadenas sueltas, etc.; el gustar de todo lo que está medido y ordenado de una manera minuciosa, aunque sea sin utilidad, por ejemplo: de libros primorosamente colocados en largas filas dentro de la estantería, y una cabeza vacía que los contempla llena de satisfacción; habitaciones adornadas como cajas ópticas, lavadas con limpieza meticulosa, y dentro, un dueño inhospitalario y gruñón, que las habita; de todo lo que es *raro*, por poco valor que en sí pueda tener; la lámpara de Epicteto, un guante de Carlos XII. En cierto modo, el afán de atesorar dinero cae dentro de esto. Puede sospecharse que si tales personas cultivasen las ciencias, se convertirán en chifladas, y que en las costumbres carecerán de sentimiento para lo que de una manera libre es bello y noble.

No se tiene razón cuando se acusa a quien no ve el valor o la hermosura de lo que nos conmueve o encanta, de *no entenderlo*. Trátase aquí no tanto de lo que el *entendimiento* comprende como de lo que el sentimiento experimenta. Tienen, sin embargo, las facultades del alma tan grande conexión entre sí, que, las más veces, de las manifestaciones de la sensibilidad pueden deducirse las condiciones intelectivas. Vanas resultarían las dotes intelectuales para quien al mismo tiempo no tuviese un vivo sentimiento de lo bello y lo noble, sentimiento que sería el móvil de aplicarlas bien y con regularidad[6].

Es corriente denominar sólo *útil* a lo que satisface nuestra más grosera sensibilidad, lo que puede proporcionarnos abundancia en comida y bebida, lujo en el vestido y los muebles y esplendidez en la hospitalidad, aunque no comprendo por qué lo deseado por mis más vivos sentimientos no se ha de contar igualmente entre las cosas útiles. Pero, aun admitiéndolo, aquél en quien predomina el *interés* personal es un hombre con el cual nunca se ha de sutilizar sobre el buen gusto. Por este principio, una gallina resulta mejor que un papagayo; una cazuela, más útil que un vaso de porcelana; todos los ingenios del mundo no igualan el valor de un labrador, y los esfuerzos por averiguar la distancia de las estrellas fijas pueden ser aplazados hasta que sepamos de qué manera el arado ha de ser más ventajosamente conducido. Pero ¡qué locura abandonarse a tal disputa cuando es imposible llegar a sensaciones análogas, porque tampoco es análoga la sensibilidad! Con todo, el hombre de más rudos y vulgares sentimientos podrá percibir que los encantos y agrados de la vida, al parecer más superfluos, acaparan nuestra mayor diligencia, y que nos quedarían pocos móviles para los variados esfuerzos de la vida si pretendiéramos suprimirlos. De igual modo, nadie hay tan grosero que no sienta que un acto moral, por lo menos para con el prójimo, tanto más conmueve cuanto más se aleja del interés propio y cuanto más en él resaltan motivos nobles.

Cuando observo alternativamente el lado noble y el débil de los hombres, me acuso a mí mismo de no poder tomar el punto de vista desde el cual estos contrastes se funden en el gran cuadro de la naturaleza humana, como en un conjunto impresionante. Comprendo que, en las líneas generales de la gran naturaleza, estas grotescas situaciones no pueden menos de tener una significación noble, aunque seamos demasiado miopes para contemplarlas por este aspecto. En una rápida ojeada sobre el asunto, me parece, sin embargo, observar lo siguiente: los hombres que obran según *principios*, son muy *pocos*, cosa que hasta es muy conveniente, pues con facilidad estos principios resultan equivocados, y entonces el daño que se deriva llega tanto más lejos cuanto más general es el principio y más firme la persona que lo ha adoptado. Los que obedecen a *bondad* espontánea son *muchos más*, y está bien, aun cuando no pueda ser contado como un mérito particular de la persona. Estos instintos virtuosos fallan a veces; mas, por término medio, cumplen perfectamente el gran propósito de la naturaleza, lo mismo que los demás instintos, merced a los cuales se mueve con tanta regularidad el mundo animal. Los que, como único punto de referencia para sus esfuerzos, tienen fija ante los ojos su adorada persona y procuran hacer girar todo en torno de su egoísmo, como eje mayor, son los *más*, y esto viene a resultar también muy beneficioso; ellos, en efecto, son los más inteligentes, ordenados y precavidos; dan consistencia y firmeza al todo, y, sin proponérselo, son útiles en general en cuanto facilitan las necesidades imprescindibles y preparan las bases sobre las cuales las almas delicadas pueden extender la hermosura y la armonía. Finalmente, la *pasión por el honor* se halla extendida en el corazón de *todos* los hombres, aunque en medida diferente, y presta al conjunto una encantadora belleza, rayana en lo maravilloso. Aunque el deseo de honor es una loca quimera cuando se convierte en regla a la cual se subordinan las demás inclinaciones, como impulso concomitante resulta muy útil. Cada cual al realizar sus actos en el gran escenario social, según sus inclinaciones dominantes, se ve movido por un secreto impulso a tomar mentalmente un punto de vista fuera de sí mismo para juzgar la apariencia de su conducta, tal como se presenta a la vista del espectador. Los diversos grupos se unen así en un cuadro de expresión magnífica, donde la unidad se transparenta en la grande diversidad y el conjunto de la naturaleza moral se muestra en sí bello y digno.

---

1. Las sensaciones de lo sublime tienden las fuerzas del alma más enérgicamente, y fatigan antes, por tanto. Se podrá leer más largo tiempo sin interrupción una poesía pastoral que el *Paraíso perdido*, de Milton, y a La Bruyère mejor que a Young. Y hasta me parece una falta de este último, como poeta moralista, su uniformidad en el tono sublime, pues la energía de la expresión sólo puede ser renovada realzándola con pasajes más suaves. En lo bello nada cansa más que el arte trabajoso tras él adivinado. El esfuerzo por im-

presionar resulta penoso y produce una sensación de fatiga.

2. Cuando la sublimidad o la belleza rebasa el conocido término medio, se la suele denominar *romántica* (*romanisch*).

3. Pronto se advierte que esta honrada sociedad está repartida en dos palcos: el de los chiflados y el de los fatuos. A un chiflado instruido se le llama piadosamente un *pedante*. Cuando adopta un aire presuntuoso de sabiduría, como los necios antiguos y modernos, le sienta perfectamente la capa con cascabeles. La clase de los fatuos se encuentra principalmente en el gran mundo. Acaso es mejor que la primera. Hay en ellos mucho que ganar y que reír.

4. Considerada más de cerca, se ve que a la condición compasiva, por amable que sea, falta la dignidad de la virtud. Un niño que sufre, una mujer desdichada y simpática, infundirá en nuestro corazón este sentimiento, en tanto que recibimos fríamente la noticia de una gran batalla, en la cual, como es fácil pensar, una considerable porción del género humano ha perecido inocentemente bajo crueles dolores. Muchos príncipes que apartaron tristemente la vista de una persona desgraciada, no tuvieran inconveniente en desencadenar al mismo tiempo la guerra por motivos a menudo frívolos. No hay aquí ninguna proporción en los defectos, ¿cómo puede, pues, decirse que la causa sea el amor general a la humanidad?

5. Y hasta se tiene por feliz sólo en cuanto imagina que los demás lo tienen por tal.

6. También se comprende que una cierta finura de sentimiento sea contada como mérito. Que se pueda hacer una buena comida con carne o tortas, o que se duerma admirablemente bien, se considerará como señal de buen estómago, pero no como mérito. En cambio, quien sacrifique una parte de la comida a la audición de una música, quien ante un cuadro experimente una agradable distracción, o lea con gusto algunas cosas ingeniosas, aunque sean pequeñeces poéticas, reviste a los ojos de casi todos el prestigio de hombre delicado, y de él se tiene una opinión ventajosa y halagüeña.

**3**

# SOBRE LA DIFERENCIA ENTRE LO SUBLIME Y LO BELLO EN LA RELACIÓN RECÍPROCA DE AMBOS SEXOS.

Quien por primera vez aplicó a la mujer el nombre de *bello sexo*, acaso quiso decir algo galante, pero acertó mejor de lo que él mismo pudo imaginarse. Sin tener en cuenta que su figura es, en general, más fina, sus rasgos más delicados y dulces, su rostro más significativo y cautivante en la expresión del afecto, la broma y la afabilidad, que en el sexo masculino; sin olvidar lo que debe atribuirse al encanto secreto, que inclina nuestra pasión a juicios favorables para ellas, hay en el carácter de este sexo rasgos particulares que lo diferencian claramente del nuestro, y le hace distinguirse principalmente por la nota de lo bello. De otro lado, podríamos aspirar nosotros a la denominación de *noble sexo* si no se exigiese al carácter noble el apartamiento de títulos honorí-

ellas se pretende lo sublime, aunque poco o nada se consiga, son las *monstruosidades*. Quien guste de lo extravagante o crea en él, es un *fantástico*. La inclinación a lo monstruoso origina el *chiflado (grillenfänger)*. Por otra parte, el sentimiento de lo bello degenera cuando en él falta por completo lo noble, y entonces se le denomina *frívolo*. A una persona masculina de este género, cuando es joven, se le conoce por un *lechuguino;* en la edad madura es un *fatuo;* y como lo elevado o sublime es más necesario que nunca en la vejez, resulta que un *viejo verde* es la más despreciable criatura de la creación, así como un joven *chiflado* la más antipática e insoportable. Las bromas y la jovialidad entran en el sentimiento de lo bello. Con todo, puede en ellas transparentarse bastante inteligencia, y en este sentido resultan más o menos afines con lo sublime. Aquél en cuya jovialidad esta mezcla es imperceptible, *desbarra*. Y si esto le sucede de continuo, acaba en mentecato. Fácilmente se advierte que también gentes avisadas desbarran a veces, y que no se necesita poco ingenio para jugar con el entendimiento sin dar alguna vez una nota falsa. Aquél cuya conversación ni divierte ni conmueve, es un *fastidioso*, y si además se esfuerza en conseguir ambas cosas, resulta un *insípido*. Cuando el insípido es, además, un envanecido, viene a parar en tonto[3].

Con algunos ejemplos voy a hacer algo más

inteligible este extraño compendio de las debilidades humanas; quien carece del buril de Hogarth tiene que suplir con la descripción las deficiencias de la expresión en el dibujo. El arrostrar audazmente los peligros por nuestros derechos, por los de la patria o por los de nuestros amigos, es sublime. Las cruzadas, la antigua caballería, eran *extravagantes;* los duelos, resto desdichado de ella, originado de un equivocado concepto del honor, son *monstruosos.* Un melancólico alejamiento del mundano bullicio a consecuencia de un fastidio legítimo, es *noble.* La devoción solitaria de los antiguos eremitas, era *extravagante.* Los conventos y los sepulcros de tal género para encerrar santos vivos, son *monstruosos.* El dominio de las pasiones en nombre de principios, es sublime. Las mortificaciones, los votos y otras virtudes monacales, son más bien cosas *monstruosas.* Entre las obras del ingenio y del sentimiento delicado, las poesías épicas de Virgilio y Klopstock, se quedan en lo *noble;* las de Homero y Milton, caen en lo *extravagante. Las metamorfosis* de Ovidio, son *monstruosas,* y los cuentos de hadas de la superstición francesa, son las más lamentables monstruosidades jamás imaginadas. Las poesías anacreónticas están a menudo muy cerca de lo frívolo.

Las obras de la razón y del entendimiento penetrante, en cuanto sus objetos, encierran también algo de sentimiento, participan en cierto modo de

retorno. En esta confusión, tendí mis manos a la realidad
con tal energía, que me desperté. Ahora he aprendido a
tener en mucho a los hombros; aun el más insignificante de
aquéllos, que en el orgullo de mi felicidad había rechazado
de mi puerta, lo hubiese preferido en aquel espantoso de-
sierto a todos los tesoros de Golconda.

# SOBRE LAS PROPIEDADES DE LO SUBLIME Y DE LO BELLO EN EL HOMBRE EN GENERAL.

La inteligencia es sublime; el ingenio, bello; la audacia es grande y sublime; la astucia es pequeña, pero bella. «La circunspección -decía Cronwell- es una virtud de alcalde.» La veracidad y la rectitud son sencillas y nobles; la broma y la lisonja obsequiosas son finas y bellas. La amabilidad es la belleza de la virtud. La solicitud desinteresada es noble. La cortesía y la finura son bellas. Las cualidades sublimes infunden respeto; las bellas, amor. Los que sienten principalmente lo bello, sólo en casos de necesidad buscan sus amigos entre los hombres rectos, constantes y severos; prefieren tratarse con gentes bromistas, amables y corteses. Se estima a algunos demasiado para que pueda amárseles. Infunden asombro, pero están demasiado por encima de nosotros

ficos y el concederlos mejor que el recibirlos. No se entienda por esto que la mujer carece de nobles cualidades o que hayan de faltar por completo las bellezas al sexo masculino; mas bien debe esperarse que en cada sexo resulten unidas ambas cosas; pero, de tal suerte, que en una mujer todas las demás ventajas se combinen sólo para hacer resaltar el carácter de lo *bello*, en ellas el verdadero centro, y, en cambio, entre las cualidades masculinas sobresalga desde luego lo *sublime* como característica. A esto deben referirse todos los juicios sobre las dos mitades de la especie humana, tanto de los lisonjeros como de los adversos; esto han de tener a la vista toda educación y enseñanza, y todo esfuerzo por fomentar la perfección moral de una y otra, si no se quiere hacer imperceptible la encantadora diferencia que la naturaleza ha querido establecer entre ambas. No es suficiente pensar que se tienen ante sí hombres; es menester no perder de vista que estos hombres no son de una misma clase.

La mujer tiene un sentimiento innato para todo lo bello, bonito y adornado. Ya en la infancia se complacen en componerse, y los adornos las hacen más agradables. Son limpias y muy delicadas para lo repugnante. Gustan de bromas, y les distrae una conversación ligera, con tal de que sea alegre y risueña. Tienen muy pronto un carácter juicioso, saben adoptar aire fino y son dueñas de sí mismas; y eso a una edad en que nuestra juventud masculina bien educada es todavía indómita, basta y torpe. Muestran un interés muy afectuoso, bondad natural y compasión; prefieren lo bello a lo útil, y gustan de ahorrar de superfluidades en el sustento para sostener el gasto de lo vistoso y de las galas. Son muy sensibles a la menor ofensa, y sumamente finas para advertir la más ligera falta de atención y respeto hacia ellas. En una palabra, representan, dentro de la naturaleza humana, el fundamento del contraste entre las cualidades bellas y las nobles, y el sexo masculino se afina con su trato.

Espero que se me dispensará la enumeración de las cualidades masculinas en su paralelismo con las del sexo opuesto, y que bastará considerar comparativamente unas y otras. El bello sexo tiene tanta inteligencia como el masculino, pero es una inteligencia *bella*; la nuestra ha de ser una *inteligencia profunda*, expresión de significado equivalente a lo sublime.

La belleza de los actos se manifiesta en su ligereza y en la aparente facilidad de su ejecución; en cambio, los afanes y las dificultades superadas suscitan asombro y corresponden a lo sublime. La meditación profunda y el examen prolongado son nobles, pero pesados, y no sientan bien a una persona en la cual los espontáneos hechizos deben sólo mostrar una naturaleza bella. El estudio trabajoso y la reflexión penosa, aunque una mujer fuese lejos en ello, borran los méritos peculiares de su sexo, y si bien la rareza de estas condiciones en su sexo las convierte en objeto de fría admiración, debilitan al mismo tiempo los encantos que les otorgan su fuerte imperio sobre el sexo opuesto. A una mujer con la cabeza llena de griego, como la señora Dacier, o que sostiene sobre mecánica discusiones fundamentales, como la marquesa de Chastelet, parece que no le hace falta más que una buena barba; con ella, su rostro daría más acabadamente la expresión de profundidad que pretenden. La inteligencia bella elige por objetos suyos los más análogos a los sentimientos delicados, y abandona las especulaciones abstractas o los conocimientos útiles, pero áridos a la inteligencia aplicada, fundamental y profunda. La mujer, por tanto, no debe aprender ninguna geometría; del principio de razón suficiente o de las monadas sólo sabrá lo indispensable para entender el chiste en las poesías humorísticas con que se ha satirizado a los superficiales sutilizadores de nuestro sexo. Pueden dejar a Descartes que continúe haciendo girar su torbellino, sin preocuparse por ello, aunque el amable Fontenelle quisiera abrir para ella un salón entre los planetas; y el atractivo de sus encantos no pierde nada de su energía si no saben una palabra de lo que Algarotti, para provecho suyo y siguiendo a Newton, se ha esforzado en escribir acerca de las fuerzas de atracción de las materias groseras. En historia, no se llenarán la cabeza con batallas, ni en geometría, con fortalezas; tan mal sienta en ellas el olor de la pólvora como en los hombres el del almizcle.

Parece una maliciosa astucia de los hombres el haber querido desviar al sexo bello hacia este gusto equivocado. Conscientes de su debilidad ante los encantos naturales del mismo, y de que basta una mirada burlona para sumirlos en mayor confusión que la más difícil cuestión científica, no bien cae la mujer en este gusto, se sienten en franca superioridad y en situación de acudir benévolos en auxilio de la vanidad femenina. El contenido de la gran ciencia de la mujer es más bien lo humano, y entre lo humano, el hombre. Su filosofía no consiste en razonamientos, sino en la sensibilidad. Esta circunstancia debe tenerse en cuenta al proporcionárseles ocasiones de cultivar su hermosa naturaleza. Se procurará ampliar todo su sentimiento moral, y no su memoria, valiéndose, no de reglas generales, sino del juicio personal sobre los actos que ven en torno suyo. Los ejemplos sacados de otros tiempos para ver el influjo que el bello sexo ha ejercido en los asuntos, las diversas relaciones en que durante otras épocas o en países extraños se ha encontrado con respecto al masculino, el carácter de ambos según estas particularidades pueden explicarlo, y el variable gusto en las diversiones, constituyen toda su historia y su geografía. Es bello que se haga agradable a una mujer la vista de un mapa donde se representa toda la tierra o la porción más importante de ella. Esto se obtiene presentándola sólo con el propósito de describir los diversos caracteres de los pueblos que la habitan, sus diferencias en el gusto y en el sentimiento moral, principalmente con respecto al influjo que tienen éstas en las relaciones de ambos sexos, explicando todo ello ligeramente por el diferente clima, la libertad o la esclavitud. Poco importa que sepan o no las particulares divisiones de estos países, su industria, su poderío o sus soberanos. Del universo igualmente sólo es menester que conozcan lo necesario para hacerles conmovedor el espectáculo del cielo en una hermosa noche, cuando han comprendido en cierto modo que existen otros mundos, y en ellos también hermosas criaturas. El sentimiento para las pinturas y para la música, no como arte, sino como expresión de la sensibilidad, afina o eleva el gusto de este sexo, y tiene siempre algún enlace con los movimientos morales. Nunca una enseñanza fría y especulativa; siempre sensaciones, y éstas permaneciendo tan cerca como sea posible de sus condiciones de sexo. Semejante instrucción es tan rara porque exige aptitudes, experiencia y un corazón lleno de sentimiento. De toda otra puede la mujer muy bien prescindir, y aun sin ésta se afina comúnmente muy bien por sí misma.

La virtud de una mujer es una *virtud bella*[1]. La
del sexo masculino debe ser una virtud noble. Evitarán el mal no por injusto, sino por feo, y actos
virtuosos son para ellas los moralmente bellos.
Nada de deber, nada de necesidad, nada de obligación. A la mujer es insoportable toda orden y
toda constricción malhumorada. Hacen algo sólo
porque les agrada, y el arte consiste en hacer que
les agrade aquello que es bueno. Me parece difícil
que el bello sexo sea capaz de principios, y espero
no ofender con esto; también son extremadamente
raros en el masculino. Por eso la Providencia ha
otorgado a su pecho sentimientos bondadosos y
benévolos, un fino sentimiento para la honestidad
y un alma complaciente. No se exijan, además, sacrificios y generoso dominio de sí mismo. Un
hombre no puede nunca decir a su mujer que ha
puesto en peligro una parte de su fortuna por un
amigo. ¿Para qué encadenar su alegre locuacidad
recargando su espíritu con un secreto cuya guarda
a él solo incumbe? Aun muchas de sus debilidades son, por decirlo así, *bellos defectos*. La ofensa
y el infortunio conmueven hasta la tristeza su
alma tierna. El hombre no debe nunca de llorar
más que lágrimas magnánimas. Las que derraman
por dolores o por situaciones desdichadas lo
hacen despreciable. La vanidad que se suele re-

prochar al bello sexo, si es que en él resulta un defecto, es un bello defecto. Prescindiendo de que los hombres, tan aficionados a galantear a las damas, se encontrarían en mala situación si ellas no estuviesen inclinadas a admitir sus lisonjas, esta condición no hace más que avivar sus encantos. Es un estímulo para mostrarse amable y graciosa, para abandonarse al juego de una jovialidad ingeniosa, y también para brillar en los variables recursos de las galas y realzar la hermosura. En ello no hay nada ofensivo para los demás, sino más bien, cuando la inspira el buen gusto, algo tan encantador, que sería inconveniente condenarlo. A una mujer que en tal punto es demasiado ligera y retozona, se le llama tonta, expresión que, sin embargo, no tiene significación tan clara como en el hombre con la sílaba final cambiada; bien entendida, puede encerrar a veces también una lisonja cariñosa. Si la vanidad es defecto que en una mujer bien merece disculpa, el engreimiento en ellas no es sólo censurable, como en toda persona en general, sino que desfigura completamente el carácter del sexo. Este defecto es muy feo y necio y se opone directamente al atractivo de los encantos modestos. La persona dominada por él no tarda en ponerse en una situación delicada. Debe esperar que se la juzgue sin indulgencia, duramente; quien aspira a una alta consideración, invita a la censura. El descubrimiento del menor defecto proporciona a todos una alegría, y la palabra *tonta* pierde aquí su significación atenuada. Ha de distinguirse siempre la vanidad del engreimiento. La primera solicita el aplauso y honra en cierto modo a aquellos por las cuales se toma este trabajo; el segundo se cree en completa posesión de él, y, no esforzándose en conseguirlo, no logra obtenerlo.

Si una cierta dosis de vanidad no desfigura en nada a una mujer ante los ojos del sexo masculino, contribuye, sin embargo, cuanto más visible es, a dividir entre sí al sexo bello. Se juzgan entre sí muy duramente no bien una de ellas parece obscurecer los encantos de las demás, y, realmente, las que tienen grandes pretensiones de seducción son raras veces amigas entre sí en verdadero sentido.

Nada es más contrario a lo bello que lo repugnante, así como nada cae más por debajo de lo sublime que lo ridículo. Por eso ninguna injuria puede ser más sensible a un hombre que ser llamado *tonto,* ni a una mujer que oírse calificar de *repugnante.* El inglés considera que no se puede dirigir al hombre reproche más mortificante que el de embustero, y a una mujer ninguno más amargo que ser tenida por deshonesta. Dejemos a esto su valor en cuanto se considera el rigorismo de la moral. Aquí no se trata de lo que en sí mismo merece mayor censura, sino de lo que en realidad hiere más vivamente. Y en tal sentido pregunto yo a cada lector si cuando él se pone mentalmente en tal caso no se suma a mi opinión. La señorita Ninon Lenclos no tenía pretensión alguna al honor de la honestidad, y, sin embargo, hubiese sido cruelmente ofendida si uno de sus amantes hubiese ido tan lejos en sus reproches; y conocido es el trágico destino de Monaldeschi por una expresión ofensiva de tal género a una princesa que no pretendió ciertamente figurar como una Lucrecia. Es insoportable que no se pueda hacer mal aunque se quiera, porque la abstención del mismo es siempre una virtud muy dudosa.

Para alejarse todo lo posible de lo repugnante conviene la *limpieza*, que sienta bien en toda persona. En el sexo bello pertenece a las virtudes de primera fila, y difícilmente puede ser exagerada, mientras en el hombre rebasa a veces la medida y resulta pueril.

El pudor es un secreto de la naturaleza para poner barrera a una inclinación muy rebelde, y que contando con la voz de la naturaleza parece conciliarse siempre con cualidades buenas morales aun cuando incurra en excesos. El pudor es, por tanto, como suplemento de los principios, sumamente necesario. Nunca tan fácilmente como en este caso se convierte la inclinación en sofista para imaginarse principios favorables. Sirve además para correr una cortina ante los más convenientes y necesarios fines de la naturaleza, a fin de que una demasiado común familiaridad con ellos no ocasione repugnancia, o por lo menos indiferencia, con respecto a los propósitos de un instinto al cual van unidas las inclinaciones más delicadas y finas de la naturaleza humana. Esta cualidad es principalmente propia del bello sexo, y le sienta muy bien. Debe considerarse como una grosera y despreciable inconveniencia sumir en confusión y desagrado la delicada honestidad del mismo con esas plebeyas bromas que se suelen llamar *frases equívocas*. Pero en último término la inclinación es el fundamento de todos los demás encantos, y una mujer es siempre, en cuanto mujer, el agradable objeto de una conversación educada.

Esto podría explicar que aun hombres finos se tomen a veces la libertad de dejar transparentar delicadas alusiones con pequeñas bromas picantes, por las cuales se les llama *libres o traviesos*. Cuando, sin que ofendan miradas atrevidas ni se vea intención de herir el respeto, una dama recibe estas bromas con gesto agrio o de disgusto, se creen los hombres autorizados a calificarla de *gazmoña*. Me refiero a esto porque se considera comúnmente como un rasgo algo atrevido de la conversación, y de hecho se ha gastado siempre mucho ingenio en ello. En cuanto al estricto juicio moral que la cosa merezca, no corresponde a este sitio; en el sentimiento de lo bello sólo tengo que observar y explicar los fenómenos.

Las nobles cualidades de este sexo, en que, como he notado ya, nunca se ha de echar de menos lo bello, en nada se manifiestan más clara y seguramente que en la *modestia*, una especie de noble sencillez e ingenuidad recubriendo notables condiciones. De ella brota una tranquila afectuosidad hacia los demás, unida al mismo tiempo a una cierta *noble confianza* en sí mismo y una razonable estimación propia que siempre se encuentra en un carácter elevado. Esta mezcla, realzada al mismo tiempo por los encantos y por el respeto que infunde, pone en seguridad todas las otras brillantes cualidades contra la malicia de la censura o de la burla. Las personas de este carácter tienen también corazón para la amistad, que en la mujer nunca podrá estimarse lo suficiente, por ser tan rara y porque al mismo tiempo resulta tan deliciosa.

Como nuestro propósito es analizar sentimientos, no puede ser desagradable reducir en lo posible a conceptos las diferentes impresiones que la figura y el rostro del sexo bello producen en el masculino. Toda esta seducción está, en el fondo, extendida sobre el instinto sexual. La naturaleza persigue su gran propósito, y todas las finuras añadidas, por mucho que de él parezcan desviarse, son sólo ornamentos, y al cabo toman su encanto justamente de ese mismo manantial. *Un gusto rudo y sano*, atenido siempre de cerca a este instinto, se preocupará poco en una mujer de los encantos del talle, del rostro, de los ojos, etcétera; como propiamente sólo tiene en cuenta el sexo, considera casi siempre vana palabrería las delicadezas de los demás.

Aunque poco delicado, no ha de menospreciarse tampoco este gusto. Por él la mayor parte de los hombres observa el gran orden de la naturaleza de una manera muy sencilla y segura[2]; por él se realizan los más de los matrimonios, y aun de la parte más aplicada del género humano. Como el hombre, no se llena la cabeza con un rostro hechicero, unos ojos lánguidos, un noble porte, etcétera, y hasta carece de sentido para esto; tanta más atención concederá a las virtudes domésticas, a la economía, etc., y a la dote.

Por lo que se refiere al gusto algo más fino, que necesita establecer una distinción entre los encantos exteriores de la mujer, unas veces prefiere lo que hay de *moral* en la figura y en la expresión del rostro, otras lo *no moral*. Con relación a los atractivos de esta última especie, es calificada una mujer de *bonita*. Un talle proporcionado, rasgos regulares, una linda coloración de los ojos y del rostro, bellezas todas que agradan también en un ramo de flores y obtienen fría aprobación. El rostro mismo, aunque sea bonito, no expresa nada y no habla al corazón.

En cuanto a la expresión moral de las facciones, de los ojos y de la fisonomía, puede tender a lo sublime o a lo bello.

Una mujer en la cual los atractivos que a su sexo convienen hacer predominar la expresión de lo sublime, es calificada de *bella* en sentido propio; aquélla cuya fisonomía moral, tal como se manifiesta en el aire o en los rasgos del rostro, anuncia las cualidades de lo bello, es *agradable*, y cuando esto ocurre en grado sumo, *encantadora*. La primera, bajo un aire de calma y una noble compostura, deja aparecer el brillo de una bella inteligencia con miradas modestas, y al pintarse en su rostro un tierno sentimiento y un alma bondadosa, se adueña tanto de la inclinación como del respeto profundo de un corazón masculino. La segunda, muestra alegría e ingenio en los ojos risueños, cierta fina malicia, alocamiento bromista y desdenes traviesos. Mientras la primera conmueve, ésta seduce, y el amor de que es capaz y que a los demás infunde, resulta ligero, pero bello; en cambio el de la primera es tierno y constante, y con él va unido el respeto. No puedo entregarme a un análisis de este género demasiado detallado, pues en tales casos siempre parece el autor pintar sus personales preferencias. Con todo, he de añadir que el gusto de muchas damas por un color sano, pero pálido, se deja comprender por esto. Tal color acompaña comúnmente a un carácter de sentimientos más íntimos y sensibilidad más tierna, que corresponde a la calidad de lo sublime; el color sonrosado y vivo, en cambio, da más bien la impresión de un espíritu jovial y animado, y la vanidad prefiere conmover y cautivar a encantar y seducir. Cabe también que una mujer sea muy bonita sin que su rostro exprese ningún sentimiento moral, sin una particular expresión, indicio de un alma sensible; pero ni conmueve ni encanta como no sea a hombres de aquel *gusto rudo* antes mencionado, gusto que a veces se afina algo, y entonces, a su manera, también elige. Lástima que tales hermosas criaturas caigan fácilmente en el defecto del engreimiento por saber demasiado la bella figura que les muestra el espejo, y por falta de sensibilidad delicada; entonces todos se muestran fríos con ellas, excepto el adulador, que persigue sus propósitos y procura ir tejiendo sus intrigas.

Estas consideraciones pueden permitirnos comprender en cierto modo el efecto que una mujer produce en el gusto de los hombres. Paso por alto, pues no corresponde al dominio del gusto delicado, aquello que en esta impresión se refiere demasiado de cerca al instinto sexual, o que pueda hallarse en concordancia con la particular ilusión voluptuosa de que la sensación en cada cual se reviste. Acaso sea exacto lo supuesto por el señor de Buffon, según el cual, la figura que impresiona por vez primera, cuando este instinto es aún nuevo y comienza a desarrollarse, sigue siendo el modelo con el que más o menos deben concordar en lo futuro todas las figuras femeninas para excitar el deseo imaginativo, por cuyos dictados una inclinación bastante grosera se ve obligada a elegir entre los diferentes individuos del sexo contrario. Por lo que se refiere al otro gusto más delicado, me parece que el género de belleza denominado por nosotros *figura bonita*, es juzgado de modo bastante análogo por todos los hombres, y que sobre él no son tan diversas las opiniones como generalmente se piensa. Las muchachas *circasianas y georgianas* han sido siempre consideradas como extraordinariamente bonitas por todos los europeos que han atravesado esos países. Los *turcos*, los *árabes* y los *persas* se hallan, sin duda, muy de acuerdo con este gusto, pues desean con gran ahínco embellecer sus pueblos con tan fina sangre, y se observa que la raza persa lo ha conseguido positivamente. Los mercaderes del Indostán no dejan tampoco de sacar partido, por un comercio malvado, de tan bellas criaturas, conduciéndolas a sus golosos dominios. Se ve que, a pesar de toda la diversidad en el gusto de estas diversas comarcas, lo que en una de ellas se reconoce como singularmente bonito, lo es también para todas las demás. Mas cuando en el juicio sobre una figura delicada se mezcla lo que es moral en los rasgos, aparecen siempre grandes discrepancias entre los distintos hombres, tanto por la diferente sensibilidad moral de éstos como por el diverso significado que los rasgos del rostro pueden tener para la imaginación de cada uno. Es frecuente encontrar figuras, a primera vista sin particular interés, por no ser bonitas de una manera determinada, que no bien comienzan a agradar en un trato más íntimo, se van apoderando del que las contempla y parecen hermosearse de continuo; en cambio, una apariencia bonita, que de golpe se revela, es mirada después con mayor frialdad. Débese, probablemente, a que los encantos morales, allí donde se revelan, cautivan más, y también porque dejan sentir su efecto, con ocasión de sensaciones morales. Cada descubrimiento de un nuevo encanto hace sospechar otros más, mientras que todos los atractivos patentes, una vez ejercido desde un principio todo su efecto, no pueden en lo sucesivo sino enfriar la curiosidad enamorada y convertirla poco a poco en indiferencia.

Una observación parece espontáneamente presentarse entre estas consideraciones. La sensibilidad sencilla y ruda en las inclinaciones sexuales conduce, ciertamente, por caminos muy derechos al gran fin de la naturaleza, y como las exigencias de ésta quedan satisfechas, parece la más apropiada para hacer feliz, sin complicaciones, al que la posee; pero su carácter indistinto y poco exigente la hace degenerar con facilidad en excesos y en el libertinaje. Un gusto muy refinado, en cambio, quita a las inclinaciones su carácter brutal, y, al limitarla a muy pocos objetos, la hace decente y decorosa; pero yerra comúnmente al gran propósito último de la naturaleza, y como exige o espera más de lo concedido comúnmente por ésta, suele hacer muy rara vez feliz a la persona de sensibilidad tan delicada. El primer carácter resulta rudo, porque se dirige a todas las personas de un sexo; el segundo, soñador, pues propiamente a ninguna se dirige, ocupado sólo con un objeto que la imaginación amorosa se forja en el pensamiento y adorna con todas las cualidades nobles y bellas que rara vez la naturaleza junta en una persona, y aún más rara vez ofrece a quien puede apreciarlas, y acaso sería digno de tal posesión. De ello resulta la demora de los vínculos matrimoniales, y, finalmente, la total renuncia a ellos, o, lo que acaso es igualmente lamentable, el triste arrepentimiento después de realizada una elección que no ha llenado las grandes esperanzas concebidas; no es raro que el gallo esópico encuentre una perla, cuando de seguro un vulgar grano de cebada le hubiese convenido mejor.

Hemos de observar aquí en general que, por

muy seductoras que sean las impresiones de la sensibilidad delicada, conviene ser precavido en el refinamiento de la misma si no queremos atraernos muchos disgustos y abrir una fuente de contratiempos por un exceso en este sentido. Yo aconsejaría a las almas nobles que refinasen el sentimiento todo lo posible en lo que respecta a sus propias cualidades o a sus actos, y, en cambio, conservasen gustos poco exigentes para lo que disfruten o lo que esperen de los de los demás; sólo una cosa encuentro difícil: la posibilidad de este equilibrio. Pero, caso de haberla, harían a los demás felices y lo serían ellos mismos. No se debe perder nunca de vista que, de cualquier modo, conviene no tener muchas pretensiones en lo que se refiere a las dichas de la vida y a la perfección de los hombres, pues quien sólo espera siempre algo mediano, tiene la ventaja de que el resultado contradice rara vez sus esperanzas, y, en cambio, le sorprenden también insospechadas perfecciones.

A todos estos encantos amenaza finalmente la edad, devastadora de la belleza, y el orden natural de las cosas parece exigir que las cualidades sublimes y nobles reemplacen a las bellas, para que la persona vaya siendo digna de mayor respeto a medida que deja de ser amable. Soy de opinión que la completa perfección del bello sexo en la flor de la edad habría de consistir en la hermosa sencillez, realzada por un refinado sentimiento de todo lo que es noble y seductor. Poco a poco, según van desapareciendo las pretensiones o los encantos, la lectura de los libros y el cultivo de la inteligencia podría substituir insensiblemente con las musas los sitios vacantes de las gracias, y el esposo debería ser el primer maestro. Con todo, aun al acercarse el momento, tan terrible para toda mujer, de hacerse vieja, sigue perteneciendo al bello sexo, y se desfigurará a sí misma si, desesperando en cierto modo de conservar más tiempo este carácter, se entregase al malhumor y a la tristeza.

Una dama entrada en años, que, modesta y amistosamente, convive en sociedad con locuacidad alegre y juiciosa, y favorece de un modo digno las diversiones de la juventud, en las cuales ella misma no toma parte, cuidando de todo y asistiendo contenta y satisfecha a la alegría que le rodea, es todavía una persona más fina que un hombre de la misma edad, y acaso aún más amable que una muchacha, aun cuando en otro sentido. Ciertamente, debía de ser demasiado místico el amor platónico que expresaba un antiguo filósofo cuando decía del objeto de su inclinación: «Las gracias residen en sus arrugas, y el alma parece asomárseme a los labios cuando beso su boca marchita.» Pero debe también renunciarse pronto a semejantes pretensiones. Un hombre viejo que hace el enamorado, es un fatuo, y las veleidades análogas del otro sexo resultan en seguida repugnantes. Nunca consiste en la naturaleza el que no nos manifestemos con decoro, sino en que se pretende falsearla.

Para no perder de vista mi tema, quiero aún establecer algunas observaciones sobre el influjo que los sexos pueden ejercer recíprocamente para embellecer o ennoblecer el sentimiento del otro. La mujer tiene un sentimiento preferente para lo *bello*, en lo que a ella misma se refiere; pero en el sexo masculino, siente principalmente lo *noble*. En cambio, el hombre prefiere lo *noble* para si mismo, y lo *bello*, cuando se encuentra en la mujer. De ello debemos deducir que los fines de la naturaleza tienden, mediante la inclinación sexual, a *ennoblecer* siempre más al hombre y a hermosear más a la mujer. A una mujer le importa poco no poseer ciertas elevadas visiones, ser tímida y no verse llamada a importantes negocios; es bella, cautiva y le basta. En cambio, exige todas estas cualidades en el hombre, y la sublimidad de su alma muéstrase sólo en que sabe apreciar todas estas nobles cualidades al encontrarlas en él. ¿Cómo, de otro modo, podría ocurrir que hombres de grotesca figura, aunque acaso posean grandes méritos, puedan conseguir tan amables y lindas mujeres? En cambio, es el hombre mucho más exigente para los bellos encantos de la mujer. La figura delicada, la ingenuidad alegre y el afecto encantador le indemnizan suficientemente de la falta de erudición libresca y de otras faltas que con su talento puede suplir. La vanidad y las modas pueden, acaso, dar una falsa dirección a estos instintos naturales y convertir a muchos hombres en *señoritos empalagosos*, y a muchas mujeres en *pedantes o amazonas*; pero la naturaleza procura siempre restablecer sus disposiciones. Júzguese por esto del poderoso influjo que la inclinación sexual podría ejercer, principalmente sobre el sexo masculino, a fin de ennoblecerlo, si, en lugar de numerosas y secas enseñanzas, se desarrollase temprano el sentimiento de la mujer, para sentir de un modo conveniente lo que corresponde a la dignidad y las sublimes cualidades del otro sexo, y con ello se la preparase a mirar con desprecio a los fatuos petimetres y a no rendir su corazón a otra cualidad que a los méritos. También es indudable que el poder de sus encantos podría al cabo ganar con ello, pues la seducción de éstos evidentemente sólo se ejerce sobre almas nobles; las demás no son lo suficientemente finas para sentirlos. En este sentido contestó el poeta Simónides cuando le aconsejaban que entonase sus bellos cantos ante las tesalianas: «Estas mozas son demasiado tontas para que puedan ser engañadas por un hombre como yo.» Por lo demás, ya se ha considerado cómo es un efecto del trato con el bello sexo la dulcificación de las costumbres masculinas, la conducta más suave y atenta y la compostura más elegante; pero esto es sólo una ventaja accesoria[3]. Lo importante es que el hombre se haga más perfecto como hombre y la mujer como mujer; es decir, que los resortes de la inclinación sexual obren el sentido indicado por la naturaleza, para ennoblecer más a uno y hermosear las cualidades de la otra. Puestos en un caso extremo, el hombre podrá decir, lleno de confianza en su mérito: *Aun cuando vosotras no me améis, quiero forzaros a que me estiméis*; segura del poder de sus encantos, responderá la mujer: *Aun cuando vosotros interiormente no me estiméis mucho, os obligo, sin embargo, a amarme.* Por falta de tales principios se ve a hombres pretender agradar con maneras femeninas, y a mujeres a veces -aunque mucho más raramente- afectar una actitud masculina para inspirar más respeto; pero lo que se hace contra la opinión de la naturaleza se hace siempre muy mal.

En la vida conyugal, la pareja unida debe constituir como una sola persona moral, regida y animada por la inteligencia del hombre y el gusto de la mujer. Y no es sólo que al primero deba atribuirse más clara visión, fundada en la experiencia, y a la segunda más libertad y justeza en la sensibilidad; mientras más elevado sea, más se esforzará un carácter en proporcionar satisfacciones al objeto amado, y, por otra parte, mientras más bello sea, tanto más procurará responder afectuosamente a estos esfuerzos. En este sentido, resulta pueril la lucha por la preeminencia, y donde tal ocurre, es señal de un gusto grosero o desigualmente aparejado. Cuando se llega a alegar el derecho de quien manda, las cosas están perdidas; esta unión, que sólo debe estar fundada en la simpatía mutua, queda destruida no bien el deber principia a hacerse oír. Las pretensiones de la mujer en este tono duro son extremadamente odiosas, y las del hombre, innobles y despreciables en sumo grado. El sabio orden de las cosas lleva, empero, consigo que todas estas finuras y delicadezas del sentimiento sólo al principio tienen toda su fuerza; después, el trato y la vida familiar las debilitan paulatinamente, hasta convertirlas en un amor confiado, donde el gran arte consiste en conservar el suficiente resto de ellas para que la indiferencia y el fastidio no quiten todo valor al placer que únicamente recompensa el contraer tal enlace.

---

1.  Fue ésta llamada antes, en juicio estricto, virtud adoptada; aquí, en gracia al favor que merece por el carácter de sexo, se la denomina, en general, una virtud bella.
2.  Como todas las cosas en el mundo tienen también su lado malo, sólo es de lamentar en este gusto que degenere más fácilmente que otro en libertinaje. El fuego encendido por una persona puede extinguirlo cualquier otra, y no son sobradas las dificultades que pueden limitar una pasión desenfrenada.

3. Esta ventaja está muy disminuida por la observación que se pretende haber hecho, según la cual los hombres que han frecuentado temprano y durante largo tiempo aquellas sociedades donde la mujer da el tono, se hacen comúnmente algo insignificantes y fastidiosos en el trato masculino, o resultan hasta despreciables, pues son incapaces de interesarse por una conversación que, aunque alegre, tenga un contenido positivo, que, aunque mezclada con bromas, pueda ser útil.

4

# SOBRE LOS CARACTERES NACIONALES EN CUANTO DESCANSAN EN LA DIFERENTE SENSIBILIDAD PARA LO SUBLIME Y LO BELLO.

Entre los pueblos de nuestra parte del mundo, son, en mi opinión, los italianos y franceses los que más se distinguen de los demás por el sentimiento de lo bello, y los alemanes, ingleses y españoles, los que más sobresalen en el de lo *sublime*. Holanda puede ser considerada como la tierra en que este delicado gusto es bastante imperceptible. Lo bello mismo, unas veces subyuga y conmueve; otras, se muestra risueño y encantador. En el primer caso, contiene algo de lo sublime, y el ánimo, con este sentimiento, cae en el ensueño y en el éxtasis; en la segunda manera, es alegra y sonriente. A los italianos parece convenir más el primer género del sentimiento de lo bello; a los franceses, el segundo. En el carácter nacional, que contiene en sí la expresión de lo sublime, éste es ya del género terrible, un poco inclinado a lo extravagante, ya un sentimiento por lo noble, ya por lo magnífico. Creo tener fundamentos para poder atribuir el sentimiento del primer género al español; el del segundo, al inglés, y el del tercero, al alemán. El sentimiento para lo magnífico no es, por naturaleza, original, como los demás géneros del gusto, y aunque el espíritu de imitación puede unirse con todo otro sentimiento, es más peculiar de lo sublime brillante, pues en el fondo es éste un sentimiento mezclado del de lo bello, y del de lo noble, en el que cada uno, considerado por sí, resulta más frío, y el ánimo queda, por tanto, más libre para advertir los ejemplos, y aun tiene necesidad de ser estimulado por éstos. El alemán tendrá, pues, menos sentimiento que el francés con respecto a lo bello, y menos que el inglés para lo sublime; pero en los casos donde ambos han de aparecer unidos, su sensibilidad se siente más a gusto, y entonces evitará también felizmente los defectos a que arrastraría una violencia excesiva en cada una de estas clases de sentimientos.

Voy a tocar, sólo de pasada, las artes y las ciencias, cuya elección puede corroborar el gusto de las naciones, tal como se lo hemos atribuido. El genio italiano se ha destacado principalmente en la música, la pintura, la escultura y la arquitectura. Todas estas bellas artes encuentran en Francia un gusto igualmente delicado, aun cuando la belleza de las mismas es aquí menos impresionante. El gusto, con respecto a la perfección poética u oratoria, cae en Francia más hacia lo bello, y en Inglaterra, más hacia lo sublime. Las bromas finas, la comedia, la sátira regocijada, los escarceos amorosos y el estilo naturalmente fluido, son allí originales. En Inglaterra, por el contrario, pensamientos de contenido profundo, la tragedia, la poesía épica y, en general, pesado oro de ingenio, que bajo el martillo francés puede ser extendido en delgadas hojitas de gran superficie. En Alemania brilla aún bastante el ingenio a través de la hojarasca. Antes era chillón; pero con los ejemplos y la inteligencia del pueblo se ha hecho ciertamente más encantador y noble, aunque lo primero con menos ingenuidad, y lo segundo con vuelo menos atrevido que en los mencionados pueblos. El gusto de la nación holandesa, por un orden meticuloso y un acabamiento que resulta exagerado y desconcertante, hace presumir también poca sensibilidad para los movimientos libres y naturales del genio, cuya belleza resultaría sólo desfigurada por una corrección trabajosa de los defectos. Nada puede ser más contrario a las artes y a las ciencias que un gusto extravagante, porque tortura la naturaleza, que es el modelo de todo lo bello y noble. Por eso también muestra en sí la nación española poco sentimiento para las bellas artes y las ciencias. Los caracteres de los pueblos se manifiestan principalmente en sus tendencias morales; por tal razón, vamos a examinar desde este punto de vista el diferente sentimiento de los mismos, con respecto a lo sublime y lo bello[1].

El español es serio, callado y veraz. Pocos comerciantes hay en el mundo más honrados que los españoles. Tiene un alma orgullosa y siente más los actos grandes que los bellos. Como su espíritu no encierra benevolencia bondadosa y dulce, resulta a menudo duro y aun cruel. El *auto de fe* se conserva, no tanto por la superstición como por las inclinaciones extravagantes del pueblo, al que impresiona un cortejo venerable y temeroso, donde, ve cómo entregan a las llamas encendidas por una devoción ardiente el *sambenito* pintado con figura de demonios. No puede decirse que el español sea más altivo o más enamorado que cualquiera de otro pueblo; pero lo es de una manera extravagante, que resulta rara y fuera de la habitual. Abandonar el arado y pasearse, con una larga espada y una capa, por el campo de labor hasta que el extranjero de paso por allí desaparezca, o en una corrida, donde las bellas son por una vez vistas sin velo, declarar con particular saludo cuál es la señora de sus pensamientos y aventurarse en su honor a una peligrosa lucha con una bestia salvaje, son actos desusados y singulares que distan mucho de lo natural.

En la sensibilidad del italiano parecen mezclarse la de un español y de un francés; es más sensible a lo bello que el primero y más a lo sublime que el segundo. De esta suerte pueden explicarse, a mi entender, los demás rasgos de su carácter moral.

El francés tiene una sensibilidad predominante para lo bello moral. Es amable, cortés y complaciente. Intima muy pronto, es aficionado a la broma, y su trato es fácil; la expresión un *hombre o una mujer de buen tono* sólo tiene significación inteligible para quien ha adquirido la sensibilidad amable de un francés. Aun sus emociones sublimes, de las cuales tiene no pocas, están subordinadas al sentimiento de lo bello y reciben su fuerza por la concordancia con éste. Gusta de ser ingenioso y sacrificará sin remordimiento algo de la verdad a una ocurrencia. En cambio, donde no se puede ser ingenioso[2] tiene una penetración tan honda como cualquiera de otro pueblo, por ejemplo: en las matemáticas o en las demás ciencias y artes secas o profundas. En él no tiene un *bon mot* el valor pasajero que en otras partes; se le hace circular con entusiasmo y se le conserva en libros como el más importante acontecimiento. Es un apacible ciudadano, y se venga de los vejámenes de los arrendadores generales con sátiras o con representaciones en los Parlamentos, que después de haber dado, según su propósito, un prestigio patriótico a los padres del pueblo, no consiguen más que ser coronadas con un aplazamiento honorable y cantadas en ingeniosos versos encomiásticos. El punto donde se concentran principalmente los méritos y las condiciones nacionales de este pueblo es la mujer[3].Y no porque sea más amada o apreciada en otras partes, sino porque presta ocasión para poner de manifiesto los más preferidos dones del ingenio, de la amabilidad y de los buenos modales; por lo demás, una persona vanidosa de uno u otro sexo no se ama más que a sí misma; la otra no pasa de ser su juguete. Como entre los franceses, aunque no falten las cualidades nobles, sólo pueden ser animadas por el sentimiento de lo bello, podría aquí tener el bello sexo un influjo más poderoso, para despertar y avivar los más nobles actos del masculino, que en ningún otro sitio del mundo, si se hubiese pensado en favorecer un poco esta dirección del espíritu nacional. Es lástima que los lirios no hilen.

El peligro que bordea más de cerca este carácter nacional es lo frívolo o, con expresión cortés, lo ligero. Cosas importantes son tratadas como bromas, y pequeñeces sirven para una ocupación seria. Ya anciano, canta todavía el francés canciones alegres, y en lo posible es también galante con las damas. Para estas observaciones tengo a mi lado grandes autoridades precisamente de un mismo pueblo, y, detrás de un Montesquieu y un D'Alembert me pongo a cubierto de toda posible protesta.

El inglés es glacial siempre cuando uno comienza a tratarle, y se muestra indiferente con un extraño. Se inclina poco a menudas complacencias, en cambio, una vez hecho amigo, está dispuesto a prestar grandes servicios. No trata de ser ingenioso en sociedad o de mostrar una actitud amable; en cambio, es juicioso y grave. Imita mal, no se pregunta por lo que piensan los demás, y sigue únicamente el gusto propio. Con respecto la mujer, no tiene la amabilidad francesa, pero le muestra mucho más respeto y aun lleva éste acaso demasiado lejos, pues en el matrimonio le concede comúnmente una consideración sin límites. Es constante, a veces hasta la obstinación; audaz y decidido a menudo hasta lo temerario, obra según principios, en muchas ocasiones hasta la terquedad. Se convierte fácilmente en un excéntrico, no por vanidad, sino por preocuparse poco de los otros y porque no contraría fácilmente su gusto por amabilidad o imitación; de ahí que sea rara vez tan querido como el francés; pero cuando se le conoce es, por lo general, más estimado.

En el alemán se mezclan la sensibilidad de un inglés y la de un francés, pero parece más cerca del primero; la mayor semejanza con el último es sólo artificiosa e imitada. En él se dan felizmente combinados el sentimiento de lo sublime y el de lo bello; y si en el primero no iguala al francés, ni al inglés en el segundo, los aventaja cuando en él se reúnen ambos. Muestra más complacencia en el trato que el primero, y si no se mueve en sociedad con tanta vivacidad o ingenio como el francés, se produce en ella con más modestia y juicio. Lo mismo que en todos los géneros del gusto, es también en el amor bastante metódico, y como une lo bello con lo noble, es lo suficientemente frío en el sentimiento de ambos para preocuparse en considerar la conveniencia, el lujo y lo aparente. Por eso, familia, título y rango son para él cosas de gran importancia, lo mismo en el amor que en las relaciones ciudadanas. Se pregunta mucho más que los precedentes acerca de lo que puedan pensar de él los demás, y si hay algo en su carácter que pueda excitarle a desear una mejora importante, es esta debilidad, por la cual no se atreve a ser original, aun cuando tiene todas las condiciones para ello. Se rinde demasiado a la opinión de los otros, y esto quita toda consistencia a sus cualidades morales, haciéndolas inconstantes y falsamente artificiosas.

El holandés es un carácter ordenado y diligente, y como sólo considera lo útil, tiene poca sensibilidad para lo que en un sentido más delicado es bello o sublime. Un grande hombre significa para él lo mismo que un hombre rico; por amigo entiende su corresponsal, y le resulta fastidiosa una visita que no le produce nada. Forma contraste, tanto con el francés como con el inglés, y es en cierto modo un alemán más flemático.

Si aplicamos el ensayo de estos pensamientos a un caso cualquiera, como por ejemplo, al sentimiento del honor, muéstranse las siguientes diferencias nacionales. La sensibilidad para el honor es en el francés *vanidad*; en el español, *arrogancia*; en el inglés, *orgullo*; en el alemán, *ostentación*, y en el holandés, *envanecimiento*. A primera vista, estas expresiones parecen significar cosa parecida; pero hay entre ellas evidentes diferencias. La vanidad solicita el aplauso, es volandera y tornadiza; pero su conducta externa es cortés. El arrogante está penetrado de una pretendida superioridad, y no le preocupa el aplauso de los demás; sus maneras son rígidas y enfáticas. El orgullo sólo consiste propiamente en la profunda conciencia del valer propio, que puede ser a menudo muy justa (por eso se le llama también a veces un noble sentimiento; nunca, en cambio, se puede atribuir a nadie una noble arrogancia, porque ésta muestra siempre una falsa y exagerada estimación de sí propio); la conducta del orgulloso para con los demás es indiferente y fría. La ostentación es un orgullo que al mismo tiempo es vanidad[4]. Pero el aplauso que busca el ostentoso consiste en distinciones honoríficas. Por eso gusta de brillar con títulos, listas de antepasados y pompas aparatosas.

El alemán está principalmente sujeto a esta debilidad. Los términos *Gnädig* (vuestra gracia), *Hochgnädig* (vuestra muy graciosa merced) y *Hoch-und Wohlgeboreu* (ilustre), y otras ampulosidades parecidas, hacen rígido su lenguaje y estorban mucho la bella sencillez que otros pueblos pueden dar a su estilo. La conducta de un ostentoso en el trato se caracteriza por las ceremonias. El envanecido es un arrogante que expresa en su conducta claras señales de su desprecio hacia los otros. En sus manifestaciones es grosero. Esta miserable condición lo aparta todo lo posible del gusto delicado, porque resulta claramente un necio; no es, en verdad, un medio para satisfacer el sentimiento del honor el atraerse el odio y la burla por el manifiesto desprecio de todo lo circunstante.

En el amor tienen los alemanes e ingleses un estómago bastante fuerte, con sensibilidad algo fina, pero que participa más del *gusto sano y rudo*. El italiano es, en este punto, *soñador*; el español, *fantástico*, y el francés, *sibarita*.

La religión de nuestro continente no es cuestión de un gusto caprichoso: su origen es más venerable. Por eso sólo las exageraciones y lo que es propio de los hombres pueden mostrar indicios de las diferentes cualidades nacionales. Reduzco tales exageraciones a estos conceptos principales: *credulidad, superstición, fanatismo* e *indiferentismo*. Crédula es las más veces la parte ignorante de todo pueblo, aunque no tenga ningún apreciable sentimiento, más delicado. Su convencimiento proviene sólo de lo que ha oído y de las apariencias externas, sin que le muevan motivos de una sensibilidad delicada. En el Norte podemos encontrar ejemplos de este género de religiosidad en pueblos enteros. El crédulo, cuando tiene un gusto extravagante, se convierte en *supersticioso*. Este gusto contiene ya de por sí una tendencia a creer fácilmente cualquier cosa[5]; de dos hombres, el primero de los cuales está contaminado de este sentimiento, mientras el otro tiene un carácter más frío y moderado, el primero, aunque sea en el fondo más inteligente, será llevado por su inclinación dominante a creer en algo fuera de lo natural más fácilmente que el segundo, preservado de este extravío no por su inteligencia, sino por un sentimiento flemático y vulgar. El supersticioso gusta de colocar entre él y el supremo objeto de la adoración ciertos hombres poderosos y extraños, gigantes, por decirlo así, de la santidad, a los cuales obedece la naturaleza, y cuyas voces mágicas abren o cierran las puertas férreas del tártaro; hombres que, tocando el cielo con la cabeza, apoyan sus plantas en la baja tierra. Las enseñanzas de la sana razón tendrían, por tanto, que vencer en España grandes obstáculos, y no por tener que expulsar a la ignorancia, sino porque se opone a ella un extraño gusto, que considera vulgar lo natural y no cree nunca experimentar una sensación sublime si su objeto no es extraordinario.

El fanatismo es una especie de temeridad piadosa, y lo ocasionan un cierto orgullo y una excesiva confianza en sí mismo para aproximarse a las naturalezas celestes y alzarse en un vuelo poderoso sobre el orden común y prescrito. El fanático habla sólo de inspiración inmediata y de vida contemplativa, mientras el supersticioso hace votos ante las imágenes de grandes santos y pone su confianza en la superioridad imaginada e inimitable de otras personas sobre su propia naturaleza. Aun en los extravíos se muestran, como hemos notado, señales del carácter nacional; así el fanatismo[6] se ha encontrado principalmente, por lo menos en tiempos precedentes, en Alemania e Inglaterra, y es como una excrecencia monstruosa del sentimiento noble correspondiente a estos pueblos. En general, no es, ni mucho menos, tan dañino como la inclinación supersticiosa, aunque en el principio sea impetuoso. El acaloramiento de un espíritu fanático va enfriándose poco a poco, y por su propia naturaleza acaba en una moderación ordinaria, mientras que la superstición arraiga imperceptiblemente más hondo en un estado espiritual reposado y sufrido, y quita por completo al hombre en quien hace presa la confianza necesaria para libertarse de una fantasía dañina. Finalmente, un hombre vanidoso y ligero es incapaz siempre de sentir fuertemente lo sublime; su religión carece de ternura, y es las más veces sólo una cuestión de moda, que él cumple con corrección mientras permanece frío íntimamente. Este es el *indiferentismo* práctico, al que parece inclinarse principalmente el espíritu nacional francés. De él sólo está un paso la burla sacrílega, que en el fondo, considerando su valor íntimo, dista poco de una completa abjuración.

Recorriendo en una rápida ojeada las demás partes del inundo, encontramos en los árabes los hombres más nobles del Oriente, aunque con una sensibilidad que degenera mucho en lo extravagante. Es hospitalario, generoso y veraz. Pero sus narraciones y su historia, y en general sus sentimientos, van siempre mezclados con algo maravilloso. Su imaginación calenturienta le hace ver las cosas en formas monstruosas y retorcidas, y hasta la difusión de su fe religiosa fue una gran aventura. Si los árabes son como los españoles del Oriente, son los persas los franceses de Asia: poetas, corteses y de gusto bastante fino. No se ajustan estrictamente al Islam, y conceden a su carácter dispuesto a la alegría una interpretación bastante suavizada del Corán. Los japoneses podrían ser considerados como los ingleses de esta parte del mundo, si bien sólo por la constancia que degenera hasta la terquedad más exagerada, por la bravura y por el desprecio de la muerte. Por lo demás, muestran pocas señales de un gusto delicado. El gusto de los hindos se inclina, sobre todo, a un género de monstruosidades que cae en lo extravagante. Su religión tiene toda ella este carácter. Ídolos de figura extraña, el diente inapreciable del poderoso mono Hanuman, las penitencias absurdas de los faquires -monjes paganos mendicantes-, etc., caen dentro de este gusto. El sacrificio caprichoso de las mujeres, en la misma hoguera que devora el cadáver de su marido, es una monstruosidad espantosa. ¿Qué insignificancias grotescas no se encuentran en los cumplidos prolijos y cuidadosamente preparados de los chinos? Hasta sus cuadros tienen algo de monstruoso, y representan figuras extrañas y absurdas como no se encuentran por el mundo. Sus monstruosidades llegan a tener un carácter venerable sólo por ser de un uso inmemorial[7], y ningún pueblo del mundo las posee en mayor número.

Los negros de África carecen por naturaleza de una sensibilidad que se eleva por encima de lo insignificante. El señor Hume desafía a que se le presente un ejemplo de que un negro haya mostrado talento, y afirma que entre los cientos de millares de negros transportados a tierras extrañas, y aunque muchos de ellos hayan obtenido la libertad, no se ha encontrado uno sólo que haya imaginado algo grande en el arte, en la ciencia o en cualquiera otra cualidad honorable, mientras entre los blancos se presenta frecuentemente el caso de los que por sus condiciones se levantan de un estado humilde y conquistan una reputación ventajosa. Tan esencial es la diferencia entre estas dos razas humanas; parece tan grande en las facultades espirituales como en el color. La religión de los fetiches, entre ellos extendida, es acaso una especie de culto idolátrico que cae en lo insignificante todo lo hondo que parece posible en la naturaleza humana. Una pluma de ave, un cuerno de vaca, una concha o cualquier otra cosa vulgar, una vez consagrada con algunas palabras, se convierte en objeto de reverencia y de invocación en los juramentos. Los negros son muy vanidosos, pero a su manera, y tan habladores, que es preciso separarlos a golpes.

Entre los salvajes no hay ningún pueblo que muestre un carácter tan sublime como los de Norte América. Tienen un fuerte sentimiento del honor, y además de buscar para conquistarlo aventuras en vastas extensiones, evitan con el mayor cuidado la menor transgresión en este punto cuando un enemigo de dureza parecida procura arrancarle lamentos con crueles torturas. El salvaje canadiense es, además, veraz y honrado. Su amistad es tan extraña y entusiasta como lo que hasta nosotros sobre este punto ha llegado de los remotos tiempos mitológicos. Es muy orgulloso, siente todo el valor de la libertad y no sufre, ni aun en la educación, un trato que le haga sentir una sumisión humillante.

Verosímilmente, Licurgo ha dado leyes a estos salvajes y si surgiere un legislador entre las seis naciones, se vería aparecer en el nuevo mundo una república espartana. La empresa de los argonautas se diferencia poco de las expediciones guerreras de estos indios, y Jasón no aventaja a Attakakullakulla mas que en el honor de un nombre griego. Todos estos salvajes son poco sensibles a lo bello en sentido moral, y el generoso perdón de una injuria, a un tiempo mismo bello y noble, es completamente desconocido como virtud entre los salvajes; lo consideran como una miserable cobardía. La bravura es el mayor mérito del salvaje, y la venganza su más dulce voluptuosidad. Los demás naturales de este continente muestran pocas huellas de un carácter apto por los sentimientos delicados, y la característica de tales razas es una extraordinaria insensibilidad.

Si consideramos las relaciones sexuales en estas partes del mundo, encontramos que únicamente el europeo ha encontrado el secreto de adornar el encanto sensual de una inclinación poderosa con tantas flores, y penetrarlo con tantos elementos morales, que no sólo realza extraordinariamente los atractivos del mismo, sino que le infunde un gran decoro. El habitante del Oriente es en este punto de un gusto muy falso. Como no tiene ninguna idea de la belleza moral que puede ir unida a este instinto, pierde valor para él hasta el placer sensual, y su harén se le convierte en una fuente continua de desasosiego. Cae en todo género de absurdos amorosos, entre los cuales es el principal la imaginaria joya que pretende guardar ante todo, y cuyo valor sólo consiste en ser rota. Sobre ella se abrigan entre nosotros muchas dudas maliciosas, y para conservarla recurre a menudo e injustamente a medios repugnantes. Por eso en tales regiones la mujer permanece siempre guardada como en prisión, lo mismo de muchacha, que con un marido bárbaro, incapaz y siempre desconfiado. En tierras de los negros, ¿qué puede esperarse sino lo que en todas ellas ocurre, esto es, el sexo femenino en la más profunda esclavitud? Un cobarde es siempre un señor duro para los débiles, lo mismo que también entre nosotros resulta ser tirano en la cocina el mismo hombre que fuera de casa apenas se atreve a mirar de frente a nadie. El padre Labat cuenta ciertamente que un carpintero negro a quien reprochaba la altiva conducta con sus señoras, le respondió: «Vosotros los blancos sois unos verdaderos tontos, pues primero le concedéis a vuestras mujeres todo, y después os quejáis cuando os vuelven tarumba.» Parece como si en esto hubiese algo que acaso mereciese ser to-

mado en consideración; pero, para ahorrar palabras, baste decir que el mozo era negro de los pies
a la cabeza; clara señal de que lo que decía era una
simpleza. De todos los salvajes, sólo entre los ca-
nadienses disfruta, en realidad, la mujer una gran
consideración. Acaso aventajan en ello a nuestros
países civilizados. Y no es que les hagan esos ren-
dimientos humildes que no pasan de simples
cumplidos. No; pueden realmente mandar. Las
mujeres se reúnen y deciden sobre las disposiciones más importantes de la nación, sobre la
guerra y la paz. Envían para ello sus diputados al
consejo masculino, y comúnmente es su voto el
que decide. Pero pagan esta ventaja bastante cara.
Tienen a su cargo todos los asuntos domésticos, y
comparten todas las dificultades de los hombres.

Si arrojamos una ojeada sobre la historia,
vemos el gusto de los hombres tomar, como un
Proteo, formas siempre cambiantes. Los antiguos
tiempos de los griegos y los romanos mostraron
claras señales de una verdadera sensibilidad,
tanto para lo bello como para lo sublime, en la
poesía, la escultura, la arquitectura, la legislación
y aun en las costumbres. El régimen de los empe-
radores romanos transformó tanto la sencillez
bella como la noble en lo magnífico y después en
el falso brillo, según podemos todavía verlo en los
restos de su elocuencia, de su poesía y la historia
misma de sus costumbres. Poco a poco se extin-

guió este residuo del buen gusto con la ruina completa del imperio. Los bárbaros, después de afirmar su poderío, introdujeron cierto falso gusto denominado gótico, que va a parar en lo monstruoso. No sólo en la arquitectura se veían monstruosidades, sino también en las ciencias y en los demás usos. La sensibilidad viciada seducida por un arte equivocado, prefirió toda clase de formas absurdas a la antigua sencillez de la naturaleza, y cayó en lo exagerado o en lo insignificante. El más alto vuelo que tomo el genio humano para llegar a lo sublime consistía en extravagancias. Veíanse extravagantes eclesiásticos y seglares, y a veces una monstruosa mezcla de ambos. Monjes, con el misal en una mano y la enseña militar en la otra, seguidos por ejércitos de víctimas engañadas para enterrar sus huesos bajo otros climas en una tierra sagrada; guerreros santificados por sus votos para cometer violencias e iniquidades, y después una especie singular de heroicos visionarios que se llamaban caballeros y perseguían aventuras, torneos, duelos y acciones románticas. Durante este tiempo, la religión, las ciencias y las costumbres fueron desfiguradas por miserables monstruosidades, y se observa que difícilmente degenera el gusto en un sentido sin que también muestre señales de corrupción todo lo correspondiente a la sensibilidad delicada. Los votos monásticos encerraron una gran parte de los hombres útiles en numerosas comunidades de ociosos atareados, a quienes su vida soñadora inspiraba innumerables monstruosidades escolásticas, que después salieron de sus claustros y se extendieron por el mundo. Finalmente, después que el espíritu humano se alzó de nuevo en una especie de palingenesia de una destrucción casi completa, vemos en nuestros días florecer el verdadero gusto de lo bello y de lo noble, tanto en las artes y las ciencias como en las costumbres. Sólo es de desear que el falso brillo, tan fácilmente engañador, no nos aleje de un modo insensible de la noble sencillez y, sobre todo, que el secreto aún oculto de la educación consiga ser sustraído a los antiguos errores, para elevar temprano el sentimiento moral en el pecho de todo joven ciudadano a una sensibilidad activa, de suerte que toda la delicadeza espiritual no vaya a parar en el placer fugitivo y ocioso de juzgar con mejor o peor gusto lo que acontece fuera de nosotros.

---

1. Apenas es necesario que repita aquí mi precedente disculpa. En todo pueblo, la parte más cultivada pone caracteres honorables de todo género y, aunque a alguno pueda tocar ésta o la otra censura, si es agudo sabrá tomar el partido de desentenderse de los demás y exceptuarse a sí mismo.
2. En la metafísica, la moral y en las doctrinas de la religión, nunca se es lo bastante precavido con los escritos de esta nación. Domina en ellos comúnmente mucha bella fantasmagoría, que no sostiene la prueba de una investigación

reposada. El francés gusta de la audacia en sus expresiones; pero para alcanzar la verdad no hay que ser audaz, sino precavido. En la historia gusta de tener anécdotas en las cuales sólo se echa de menos que sean verdaderas.

3. La mujer en Francia da el tono a todas las reuniones y a todo el trato. Y no se puede negar que las reuniones sin el bello sexo son bastante insípidas y fastidiosas: pero si la mujer da en ellas el tono bello, el hombre deberá dar el noble. De otro modo el trato resulta igualmente fastidioso, pero por otro motivo; porque nada es más repugnante que una dulzura empalagosa. Según el gusto francés, no se pregunta:«¿está el señor en casa?, sino «¿está la señora en casa?». La señora está ante el espejo, la señora tiene vapores (una especie de bellas chifladuras); en una palabra, todas las conversaciones se refieren a la señora, y todas las diversiones cuentan con la señora. Y no significa esto que honren más a la mujer. Un hombre que se dedica a fáciles escarceos amorosos, carece siempre de sensibilidad, tanto para el verdadero respeto como para el amor delicado. Yo no quisiera, ni mucho menos, haber dicho lo que Russeau afirma de manera tan atrevida: *«Que una mujer nunca llegará a ser más que un niño grande.»* Pero el penetrante suizo escribió esto en Francia, y probablemente él, tan defensor del bello sexo, sentía con indignación que no se le tratara allí con mayor respeto que a un niño grande.

4. No es necesario que un ostentoso sea al mismo tiempo arrogante; esto es, se forme un concepto falso de sus cualidades, sino que puede, acaso, no estimarse más de lo que merece: su defecto es sólo tener un falso gusto en hacer valer este mérito exteriormente.

5. Se ha notado por lo demás que a los ingleses, a pesar de ser un pueblo de tan buen sentido, se les puede inducir a veces fácilmente a creer en una cosa absurda y singular, afirmándosela sin vacilaciones. Y es que un carácter atrevido, preparado por diversas experiencias, en las cuales muchas cosas raras han resultado, a pesar de todo, verdaderas, prescinde pronto de los pequeños escrúpulos que detienen en seguida a una inteligencia débil y desconfiada, y la preservan a veces del error, sin que esto signifique una superioridad propia.

6. Conviene distinguir siempre el fanatismo del entusiasmo. Aquél cree sentir una inmediata y extraordinaria comunidad con una naturaleza superior; éste significa aquel estado en que el espíritu se halla encendido por un principio cualquiera más allá del grado conveniente, ya sea por la máxima de la virtud patriótica de la amistad o de la religión, sin que en ello intervenga para nada la idea de una comunidad sobrenatural.

7. En Pekín, sigue celebrándose, con ocasión de un eclipse de sol o de luna, la ceremonia de ahuyentar con un gran estrépito al dragón que pretende devorar aquellos cuerpos celestes, y a pesar de saber ahora que las cosas ocurren de otro modo, siguen conservando esa costumbre, nacida de la ignorancia de tiempos remotos.

Copyright © 2024 por FV Éditions
Portada : Canva.com, FV Ed.
ISBN Ebook 9791029916083
ISBN Tapa Blanda 9791029916090
ISBN Tapa Dura 9791029916106
Todos Los Derechos Reservados

Ahora Disponible

www.ingramcontent.com/pod-product-compliance
Lightning Source LLC
Chambersburg PA
CBHW010332140726
47989CB00008BA/3051

* 9 7 9 1 0 2 9 9 1 6 0 9 0 *